读客文化

小李飞刀

多情剑客无情剑 (三)

古 龙 著

文汇出版社

目 录

001 / 第四十章　奸情

011 / 第四十一章　狡兔

020 / 第四十二章　恶毒

033 / 第四十三章　生死之间

046 / 第四十四章　两世为人

060 / 第四十五章　千钧一发

068 / 第四十六章　英雄与枭雄

080 / 第四十七章　大欢喜女菩萨

092 / 第四十八章　女巨人

102 / 第四十九章　各有安排

115 / 第五十章　温柔陷阱

126 / 第五十一章　奇峰迭起

139 / 第五十二章　陷阱

151 /	第五十三章	**骗局**
160 /	第五十四章	**交换**
172 /	第五十五章	**荡妇**
183 /	第五十六章	**出鞘剑**
193 /	第五十七章	**火花**
208 /	第五十八章	**英雄**
220 /	第五十九章	**勇气**
232 /	第六十章	**友情**
244 /	第六十一章	**承诺**
255 /	第六十二章	**绝招**
268 /	第六十三章	**断义**
280 /	第六十四章	**祸水**

第四十章

奸情

阿飞道:"这两年来,我日子的确过得很平静……我一生中从未有过如此安定平静的日子,她……她也的确对我很好。"

李寻欢笑道:"听到你说这些话,我也很高兴,太高兴了……"

他自然不愿被阿飞看出他笑得有些不自然,嘴里说着话,头已转了过去,四面观望着,突然又道:"你的剑呢?"

阿飞道:"我已不用剑了。"

李寻欢这才真的吃了一惊,失声道:"你不用剑了?为什么?"

阿飞道:"剑是凶器,而且总会让我想起那些过去的事。"

李寻欢道:"这是不是她劝你的?"

阿飞道:"她自己也放弃了一切,我们都想忘记过去,从头做起。"

李寻欢点着头,缓缓道:"很好,很好,很好……"

他本来像是还有话要说的,但这时林仙儿的呼声已响起:"菜已摆上桌了,老爷们还不想回来么?"

菜不多,却很精致。

林仙儿的菜居然烧得这么好,倒也是件令人想不到的事。

除了菜之外,桌上当然还有酒杯,但酒杯里装的却是茶。

林仙儿笑道:"山居简陋,仓猝间无酒为敬,只好以茶作酒了。"

李寻欢笑道:"幸好我还带了半瓶酒来……"

他目光四转,终于找到了方才摆在椅子角落里的那酒瓶,先将自己杯中的茶一饮而尽,向阿飞笑道:"来,你也快把茶喝完,我替你倒酒。"

阿飞没有说话。

林仙儿微笑着,笑得很可爱。

阿飞突然道:"我戒酒了。"

李寻欢又吃了一惊,失声道:"你戒酒了?为什么?"

阿飞脸上一点表情也没有。

林仙儿嫣然道:"酒喝多了,对身体总不太好的,李大哥你说是吗?"

李寻欢沉默了很久,才慢慢地笑了,道:"不错,酒喝多了,就会变得像我这样子,我若能倒退十几二十年,我也一定要戒酒的。"

阿飞低下头,开始吃饭。

他看来又有些心不在焉,刚挟起个肉丸,就掉在桌上。

林仙儿白了他一眼,道:"你看你,吃饭就像个孩子似的，这么不小心。"

阿飞默默地又将掉在桌上的肉丸挟起。

林仙儿又白了他一眼，柔声道："你看你，肉丸掉在桌上，怎么还能吃呢？"

她自己挟起个肉丸，送到阿飞嘴里。

晚饭的菜比午饭更好，然后，天就黑了。

李寻欢睡在阿飞的床上，阿飞睡在客厅里。

林仙儿亲自为他们换上了干净的被单，铺好床，又将一套干净的衣服放在阿飞的床头。

"我喜欢小飞每天换衣服。"

临睡之前，她打了盆水，看着阿飞洗手洗脸，等阿飞洗好了，她又将手巾拿过来，替阿飞擦耳朵。

"小飞像是个大孩子，洗脸总是不洗耳朵。"

阿飞睡下去，她就替他盖好被。

"这里比较冷，小心晚上着了凉。"

她对阿飞服侍得实在是无微不至，就算是一个最细心的母亲，对她自己的孩子也未必有如此体贴。

阿飞应该算是幸福极了。

但也不知为了什么，李寻欢却有点不明白，他实在不知道阿飞这种生活是幸福，还是痛苦。

尤其是林仙儿在温柔地呼唤着"小飞"的时候，李寻欢就会不由自主想到昨夜他听到从轿子里发出的声音。

"小飞，不要这样……在这里不可以……"

上官飞是"小飞"，阿飞是"小飞"，除了他们两人之外,到底还有多少个"小飞"呢?

假如世上所有的男人的名字都叫作"飞",她倒省事得很,因为她至少总不会将名字叫错了。

李寻欢也不知是觉得可笑,还是很可悲。

外面鼻息沉沉,阿飞果然一沾枕头就已睡着。

李寻欢却没有这么好的福气,自从三岁以后,他就从来也没有这么早睡过,杀了他也睡不着。

林仙儿的屋里一点动静都没有,也像是睡着了。

李寻欢披衣起床,悄悄走了出去。

有很多事他都想找阿飞聊聊。

但阿飞却睡得很沉,推也推不醒,就算是条猪也不会睡得这么沉的,何况是比狼还警觉的阿飞。

李寻欢站在阿飞床头,沉思着,面上渐渐露出了愤愤的表情。

"她每天都睡得很早……从不出去……"

"天一黑我就睡了,一觉睡到天亮,从不会醒。"

李寻欢记得今天晚上吃的汤是排骨汤,炖得很好,阿飞喝了很多,林仙儿也一直在劝着李寻欢多喝些。

幸好排骨汤是用笋子炖的,李寻欢虽不俗,却从来不吃笋。幸好他又是个从不忍当面拒绝别人好意的人。

他虽没有拒绝,却趁林仙儿到厨房去添饭的时候,将她盛给他的一大碗汤给阿飞喝了。

他记得林仙儿回来时看到他的汤碗已空,笑得就更甜。

她在汤里放了什么迷药?

每天晚上一大碗汤,所以阿飞每天都睡得很沉。

阿飞睡沉了，她无论去做什么，阿飞也不会知道。

但她为何不索性在汤里放些毒药？

这自然是因为阿飞还有利用的价值。

李寻欢目中射出了怒火，突然转身，用力去拍林仙儿的门。

门里没有声音，没有响应。

李寻欢一生中从未踢破过别人的房门，闯入别人的屋子。

但这一次却是例外。

屋子里果然没有人，林仙儿到哪里去了？

镇外小楼的灯光，还是淡淡粉红色。

上一次李寻欢从这小楼，走到阿飞的木屋，几乎走了一夜，但这一次他从阿飞的木屋走到这里，却只用了半个时辰。

这一次，他算准林仙儿必定在这小楼上。

他正考虑着是否现在就闯进去，小楼上的门突然开了。

一个人慢慢地走了出来，看来也和上官飞一样，神情虽然很愉快，却显得有些疲倦。

从门里射出的灯光，照在他身上。

他穿着的是一身很合身的黑衣服，眼睛里闪着光。

李寻欢本不是个容易吃惊的人，但一看到他，就又吃了一惊。

他再也想不到从这扇门里走出的人，竟是郭嵩阳！

只见门里面伸出一只白生生的手,拉着郭嵩阳的手。

晚风中传来一阵阵低语,似在珍重再见,再三叮咛。

过了很久,郭嵩阳才慢慢走下楼梯。

他走得很慢,不时回头,显然还有些舍不得走。

但小楼上的门却已关了……

这一切情形,都完全和上官飞出来时一样,除了上官飞和郭嵩阳外,还有多少人上过这小楼?

这小楼上究竟是天堂,还是地狱?

李寻欢不但觉得很悲哀,也很愤怒,他悲哀是为了阿飞而悲哀,愤怒也是为了阿飞而愤怒。

他几乎从未如此愤怒过。

方才他已忍不住要冲过去,当面揭穿林仙儿的秘密,但郭嵩阳也可算是他的朋友,而且也是个男子汉。

他不忍令郭嵩阳难堪。

只见郭嵩阳仰首望天,长长吸了口气,脚步才渐渐加快。

但走了两步,他脚步突又停住,厉声道:"是什么人躲在那里,出来!"

"嵩阳铁剑"果然不愧是当今天下顶尖高手,他的警觉之高,反应之快,都绝非上官飞可比。

无论从什么地方走出来,他头脑还是能保持清醒;但他却也绝对想不到从树后走出来的人竟是李寻欢。

从小楼到"停车爱醉枫林晚"并不远,两人在这段路上说的话也不多,而且都没有说出自己心里想说的话。

但有些话迟早总是要说出来的。

酒店已打烊了,但世上哪能挡得住他们的门?他们在柜台上留了锭银子,从柜台后拿出一坛酒。

然后,他们就坐在这酒店的屋脊上,开始喝酒。

李寻欢在很多地方都喝过酒,但坐在屋脊上喝酒,这还是生平第一次,他发觉这真是个喝酒的好地方。

现在,一坛酒已只剩下半坛了。

郭嵩阳喝得真不少——有李寻欢这样的酒伴,有清风明月沽酒,无论谁都会多喝几杯的。

有些话是只有在酒喝多了时才会说出来的。

郭嵩阳忽然道:"你……你自然知道我到那楼上去做什么。"

李寻欢笑了笑,道:"我知道你是男人。"

郭嵩阳道:"你自然也知道在那楼上的人是谁。"

李寻欢道:"是。"

郭嵩阳道:"我……我并不常来找她。"

李寻欢道:"哦?"

郭嵩阳道:"我只有在心情不好的时候,才会来找她。"

李寻欢默默地点了点头。

他很了解他的心情,他也知道被人击败的滋味并不好受。

郭嵩阳道:"我也认得很多女人,但她却是最能令我愉快的一个。"

李寻欢沉默着,缓缓道:"你可知道她是怎样的一个女人么?"

郭嵩阳喝了口酒,道:"我认得她已有很久了。"

李寻欢道:"她对你怎样?"

郭嵩阳笑了,道:"她会对我怎样?这种女人对任何人都是一样的,只看那男人是不是有被她利用的价值。"

李寻欢道:"你也知道她在利用你?"

郭嵩阳又笑了,道:"我当然知道,但我却一点也不在意,因为我也在利用她。只要她能给我愉快,我付出代价又有何妨?"

李寻欢慢慢地点了点头,道:"这的确是很公平的交易,可是……你们的交易若是伤害到别人,你也不在意么?"

郭嵩阳道:"会伤害到谁?"

李寻欢道:"自然是爱她的人。"

郭嵩阳叹了口气,道:"我有时真不懂,女人为什么总是要伤害爱她的人?"

李寻欢笑了笑,道:"这也许是因为她只能伤害爱她的人,你若不爱她,怎么被她伤害?……你若不爱她,她无论做什么事,你根本都不会放在心上。"

郭嵩阳微笑道:"你对女人好像了解得很多。"

李寻欢道:"世上绝没有任何一个男人能真的了解女人,若有谁认为自己很了解女人,他吃的苦头一定比别人更大。"

郭嵩阳沉默了很久,才缓缓道:"阿飞真的很爱她?"

李寻欢道:"是。"

郭嵩阳道:"我知道她是阿飞的朋友,也知道阿飞是你的朋友。"

李寻欢没有说话。

郭嵩阳道:"但我却不认得阿飞,也从未见到过他。"

李寻欢道:"你用不着解释,我并没有怪你。"

郭嵩阳又沉默了很久,才问道:"阿飞现在还和她在一起么?"

李寻欢道:"是。"

他长叹了一声,接着又道:"他爱她虽比你深得多,但他和她的关系却远不及你亲密。"

郭嵩阳很诧异道:"难道她并没有和他……"

李寻欢苦笑道:"无论谁都可以,就是他不可以。"

郭嵩阳道:"为什么?"

李寻欢道:"因为他尊敬她,从不愿勉强她,她是他心目中的圣女……她自然希望他永远保留这种印象。"

他苦笑着接道:"其实女人是生来被人爱的,而不是被人尊敬的,男人若对一个根本不值得尊敬的女人尊敬,换来的一定是痛苦和烦恼。"

郭嵩阳道:"如此说来,她的所作所为,阿飞一点也不知道?"

李寻欢道:"完全不知道。"

郭嵩阳道:"你为何不告诉他?"

李寻欢叹道:"我纵然告诉他,他也不会相信,一个男人若是爱上了一个女人,他的耳朵就会变聋了,眼睛也会变瞎了,明明很聪明的人也会变成呆子。"

郭嵩阳沉吟着,缓缓道:"你难道要我去告诉他?"

李寻欢黯然道:"他是个很有作为的青年,也是我的好朋友,我不忍心眼看他败在这种女人的手上。"

郭嵩阳默然无语。

李寻欢道:"我生平从未求人,但这一次……"

郭嵩阳突然打断了他的话,道:"可是……我说的话,他就会相信么?"

李寻欢道:"至少你和她的关系,她总不能完全否认的。"

郭嵩阳霍然长身而起,道:"好,我陪你去。"

李寻欢紧紧握住他的手,道:"我的确没有看错你,我相信你和阿飞也一定会变成很好的朋友。"

郭嵩阳长叹道:"好朋友只要有一个就已足够,他能交到一个像你这样的朋友,已可算是不虚此生了!"

木屋里竟没有人!

阿飞睡过的床,还铺在客厅里,厨房里还摆些昨夜吃剩下的菜,但炖汤的汤锅却已空了,而且也已洗得干干净净。

林仙儿的卧房里一切东西都还是老样子,被李寻欢闯破的门在风中微微摇晃着,不时发出"吱吱"的声响。

第四十一章

狡兔

阿飞屋子里的东西也没有移动过,他们什么东西都没有带走,甚至连那套衣服都还摆在床头。

但他们的人却已走了,显然走得很匆忙。

阿飞竟然又不辞而别,李寻欢简直不能相信,望着那扇被他撞破的门,他忽又弯下腰去剧烈地咳嗽起来。

郭嵩阳背负着双手,静静地望着他,等他咳完了,郭嵩阳才缓缓道:"你说阿飞是你的好朋友。"

李寻欢道:"是。"

郭嵩阳道:"但你却不知道他已走了。"

李寻欢默然半晌,勉强笑了笑,道:"也许,他遇着了什么意外,也许……"

郭嵩阳淡淡道:"也许是因为他比较听女人的话。"

他不让李寻欢反驳,立刻又接着问道:"他们已在这里住了很久?"

李寻欢道:"快两年了。"

郭嵩阳道:"但两年以前,她已约我在那小楼上见过面了,这地方说不定就是她的老窝。"

李寻欢苦笑道:"狡兔三窟,她的窝必定不止这一处。"

郭嵩阳叹了口气,道:"可惜我却只知道这一处。"

李寻欢没有说话,慢慢地走入林仙儿的屋子。

屋子里有一张床、一张橱、一张桌。

床帐是用淡青色的夏布缝成的,床上的被褥很零乱,好像有人睡过,但这当然只不过是做出来给阿飞看的。

橱子里的衣服并不多,而且都很朴素,桌上有个小小的妆匣,里面也并没有什么花粉。

这当然也只不过因为那小楼才是她更衣化妆的地方。

屋子里每样东西,李寻欢都看得很仔细,但这些都是很普通的东西,他又能看出什么来呢?

郭嵩阳道:"我出来的时候,她留在楼上,现在她却已回来过,而且已经将阿飞带走了,我们在路上竟未发现她的踪迹……"

李寻欢沉声道:"这只不过因为她走的是另外一条路。"

郭嵩阳道:"另外一条路,这里四面环山,难道还有什么快捷方式?"

李寻欢道:"快捷方式也许就在山腹里。"

他忽然揭起了床板。

床下果然有条密道……

山腹中空,密道穿过山腹。

李寻欢一走下来,就已知道出口在哪里了。

郭嵩阳道："依你看，这条路的出口是在什么地方？"

李寻欢道："那小楼上的床下。"

郭嵩阳道："我也是这么想……"

他冷冷笑了笑，冷冷接着道："下了这张床，就上那张床，她做事倒真不肯浪费时间。"

李寻欢淡淡道："她的约会很忙，时间自然宝贵得很。"

郭嵩阳面色变了变——他虽然也明知道这是怎么回事，但听到别人当面说出来，心里还是有些不舒服。

男人们常嘲笑女人们的气量小，其实男人自己的气量也未必就比女人大多少，而且远比女人自私得多。

他们就算有了一万个女人，却还是希望这一万个女人都只有他一个男人；他就算早已不喜欢那女人，却还是希望那女人永远只喜欢他。

密道自然不会太长。

密道的出口，果然就在那小楼上卧室中的床下。

这张床可比那张床漂亮多了，锦帐上流苏落英缤纷，床上的鹅毛被软得就像是云堆，教人一陷进去，就爬不出来。

林仙儿自然不会在，屋子里只有那穿红衣服的小姑娘。

她正坐在妆台旁很专心地绣着花，绣的是一面鸳鸯戏水的枕头，这正和屋子里的情调非常配合。

李寻欢他们突然走出来，她也并没有吃惊。

她像是早已算准他们会来了。

她只是用眼角瞟了他们一眼，嫣然道："原来你们是认得的。"

郭嵩阳沉着脸，厉声道："这里只剩下你一个人了？"

小姑娘嘟起嘴，道："你这么凶干什么？每次你来的时候，替你铺床的是我，替你叠被的也是我，你难道已忘了么？"

郭嵩阳说不出话来了。

小姑娘的大眼睛在李寻欢身上一转，道："你就是李探花？"

李寻欢道："是。"

小姑娘道："你真的就是那大名鼎鼎的小李探花李寻欢？"

李寻欢道："你不信？"

小姑娘叹了口气，道："我也不是不相信，只不过有些想不到而已。"

李寻欢道："想不到什么？"

小姑娘悠悠道："别人都说李寻欢不但武功最高，人也最精明，最能干，我实在没有想到你也会被人骗，上人的当。"

她眨着眼抿嘴一笑，道："上次我骗了你，真抱歉得很。"

李寻欢微笑道："没关系，偶尔被小孩子骗一次，也是件很开心的事,我自从被你骗过一次后,就觉得自己好像年轻多了。"

小姑娘眼睛盯着他,仿佛也渐渐觉得这人的确很有趣了——像李寻欢这样的人,本就不是常常能见得到的。

她嫣然笑道:"我看你就算没有被我骗,本来也年轻得很,若是再被我骗几次,只怕就要变成小孩子了。"

李寻欢道:"我以后一定会很小心……四十岁的小孩子,岂非要被人当作妖怪了么?"

小姑娘笑道:"你只管放心,上次我骗了你,因为你还是个陌生人,奶奶从小就告诉我,千万不能对陌生人说老实话,否则也许就会被人拐走。"

李寻欢道:"现在呢?"

小姑娘正声道:"现在我们已认识,我自然不会再骗你。"

李寻欢道:"那么,我问你,你刚刚可曾看到有人从这里出来么?"

小姑娘道:"没有。"

她眨了眨眼睛,又道:"但我却看到有人从外面进来。"

李寻欢道:"是什么人?"

小姑娘道:"是个男人,我不认识他。"

她吃吃地笑着,接着道:"除了你之外,我认得的男人并不多。"

李寻欢只好装作没有听到这句话,问道:"他是来干什么的?"

小姑娘道:"那人长得很凶狠,一嘴大胡子,脸上还有个刀疤,一走进来就问我,认不认识李寻欢?李寻欢会不会来?"

李寻欢道:"你说什么?"

小姑娘道:"因为我不认得他,所以就故意骗他,说我认得你,你马上就会来的。"

李寻欢道:"那么他说什么?"

小姑娘眨着眼道:"他就交给我一封信,要我转交给你,还说一定要我交给你本人。"

李寻欢道:"你就收下了?"

小姑娘道:"我当然收下了……我若不收下,谎话岂非就要被揭穿了么?那人凶得很,若知道我在说谎,不打破我的头才怪。"

她嫣然一笑,接着道:"女孩子的头若被打破,一定疼得很,你说是不是?"

李寻欢也笑了道:"男孩子的头若被打破,也疼得很的。"

这小姑娘有种本事,她无论说什么话都完全像真的一样。

若是换了别人,一定会问她"送信的人到哪里去了?怎会将交给我的信送到这里?"

但李寻欢并没有问。

他也有种本事,那就是无论别人说什么,他都好像很相信,所以有很多人都常常以为自己已经骗过了他。

小姑娘果然取出了封信,信上果然写着李寻欢的名字,信是密封着的,这小姑娘居然没有偷看。

信上写的是:

> 寻欢先生足下,久慕英名,极盼一晤,十月初一当候教于此山谷中飞泉之下,足下君子,必不致令我失望。

下面的署名赫然竟是上官金虹!

这封信写得很简单,也很客气,但无论谁接到这封信,就算不立刻去准备后事,也要吓一跳。

上官金虹若向一个人挑战,那人还能活得长么?

李寻欢慢慢地叠起了信,放回信封,藏入怀里。

他脸上居然还在笑。

小姑娘一直在盯着他,此刻才忍不住问道:"信上写的是什么?"

李寻欢笑道:"没有什么。"

小姑娘道:"瞧你笑得这么开心,这封信只怕是女人写给你的。"

李寻欢笑道:"猜对了。"

小姑娘眼波流动,道:"她是不是想约你见面?"

李寻欢道:"又猜对了。"

小姑娘嘟起嘴,喃喃道:"早知是女人写的信,我才不交给你哩。"

李寻欢笑道:"你若不交给我,她一定会很伤心的。"

小姑娘狠狠瞪了他一眼，道："她是个怎么样的人？漂不漂亮？"

李寻欢道："当然漂亮，否则我早就将这封信甩到一边去了，女人长得丑，简直比男人生得笨还要可怕。"

小姑咬着嘴唇，道："她有多大年龄？"

李寻欢道："年纪也不大。"

小姑娘冷笑道："她至少比我大得多了吧？"

李寻欢笑道："幸好她比你大，否则我就只好收她做干女儿了。"

小姑娘用力将绣花针往布棚上一插，板着脸道："既然有这么一位漂亮的老太婆约你，你为什么还不赶快去见她，还待在这里干什么？"

李寻欢道："做主人的，怎么可以赶客人走？"

小姑娘冷冷道："我就算不赶你，你反正也是要走的。"

李寻欢道："我若不走呢？"

小姑娘眼珠子一转，道："你若不走，我这做主人的当然要想法子招待你。"

李寻欢道："真的？"

小姑娘道："当然是真的。我虽然不大方，可也不是小气鬼，你若要在这里待十天，我就招待你十天；你若要在这里待一辈子，我也……也不会赶你走的。"

说着说着，她的脸已红了起来。

小姑娘的脸若会红，那就表示她实在已不小了。

李寻欢道："好，那么我就留在这里……"

他话还未说完，小姑娘已跳了起来，道："你说的是真话？"

李寻欢笑道："当然是真的，难得遇到你这么好的主人，我怎么会走呢？"

小姑娘展颜笑道："我知道你喜欢喝酒，我这就去替你准备，这地方别的没有，酒却多得很……多得可以淹死你。"

李寻欢道："除了酒之外，我还要几块木头，愈硬愈好。"

小姑娘愣了愣，道："木头？要木头干什么？难道你要用木头来下酒？你的牙齿倒真不错。"

说着说着，她自己先笑了，银铃般笑道："但你既然要木头，我就替你去拿木头来，无论你想要什么，就算想要天上的月亮，我也会去替你搬梯子的。"

郭嵩阳一直在注意李寻欢脸上的表情，此刻忽然道："我不吃木头，我吃蛋，无论是鸡蛋、鸭蛋、皮蛋、咸蛋，只要是蛋就可以，愈多愈好。"

小姑娘的脸又板了起来，上上下下瞪了他两眼，道："你也要留在这里？"

郭嵩阳淡淡道："难得遇到你这么好的主人，我怎么肯走呢？"

小姑娘嘟着嘴走了出去，嘴里还在喃喃道："这世上不识相的人倒真不少，什么事不好做，为什么偏偏要杀别人的风景呢……"

第四十二章

恶毒

屋子很大,被单是新换的,洗得很白,浆得很挺,茶壶并没有缺口,茶杯也干净得很。

但屋里却冷清清的,总像是缺少了些什么。

林仙儿正坐在床头,在一件男人的衣服上缝纽扣,她用针显然没有用剑熟悉,时常会扎着自己的手。

阿飞站在窗口,望着窗外的夜色,也不知在想些什么。

林仙儿缝完了一粒扣子,抬起头来,轻轻地捶着腰,摇着头道:"我实在不喜欢住客店,无论多么好的客店,房间也像是个笼子似的,我一走进去就觉得闷得慌。"

阿飞道:"嗯。"

林仙儿道:"我常听别人说,金窝银窝,也不如自己的狗窝,无论什么地方总不如自己家里舒服,你说是不是?"

阿飞道:"嗯。"

林仙儿眼波流动,道:"我把你从家里拉出来,你一定很不开心,是不是?"

阿飞道:"没有。"

林仙儿叹了口气,道:"我知道李寻欢是你的好朋友,也不是不愿意你跟他交朋友,但我们既然已决定忘记过去,从头做起,就不能不离开他——像他那种人,无论走到什么地方,都会有麻烦跟着他的。"

她柔声接着道:"我们已发誓不再惹麻烦了,是不是?"

阿飞道:"是。"

林仙儿道:"何况,他做人虽然很够义气,但酒喝得太多,一个人酒若喝得太多,就难免有些毛病,毛病犯的时候,连自己都不知道。"

她又叹了口气,缓缓接着道:"就因为这样,所以他才会撞破我的门,要对我……"

阿飞忽然转回头,瞪着她,一字字道:"那件事你永远莫要再说了,好不好?"

林仙儿温柔地一笑,道:"其实我早已原谅他了,因为他是你的朋友。"

阿飞目中露出了痛苦之色,垂下头,缓缓道:"我没有朋友……我只有你。"

林仙儿站了起来,走过去拉住他的手,将他拉到自己身旁,轻轻抚摸着他的脸,柔声道:"我也只有你。"

她踮起脚尖,将自己的脸贴在他脸上,低语着道:"我只要有你就已足够了,什么都不想再要。"

阿飞张开手,紧紧地抱住了她。

林仙儿整个人都已贴在他身上,两人紧紧地拥抱着,过了半晌,她身子忽然轻轻地颤抖起来,道:"你……你又在想了……"

阿飞闭上眼睛点了点头。

林仙儿道："其实我也想……我早就想将一切都给你了,可是我们现在还不能这么做。"

阿飞道："为什么?"

林仙儿道："因为我还不是你的妻子。"

阿飞道："我……我……"

林仙儿道："你为什么不肯光明正大地娶我,让别人都知道我是你的妻子,你为什么不敢?我以前做错的事,你难道还不能原谅我?你难道不是真心地爱我?"

阿飞面上的表情更痛苦,缓缓松开了手。

但林仙儿却将他抱得更紧,柔声道："无论你对我怎样,我还是爱你的,你知道我的心早已给了你……我心里只有你,再也没有别人。"

她的身子在他身上颤抖着,扭动着,摩擦着……

阿飞痛苦地呻吟了一声,两个人突然倒在床上。

林仙儿颤声道："你真的这么想……要不要我再替你用手……"

阿飞躺在床上,似已崩溃。

他心里充满了悔恨,也充满了痛苦。

他恨自己,他知道不该这么做,但他已无法自拔,有时他甚至想去死,却又舍不得离开她。

只要有一次轻轻的拥抱,他就可将所有的痛苦忍受。

林仙儿已站了起来,正在对着镜子梳头发,她脸上红红的,轻咬着嘴唇,一双水汪汪的眼睛里仿佛还带着春色。

"任何人都可以,只有阿飞不可以。"

林仙儿嘴角渐渐露出了一丝微笑,笑得的确美丽,却很残酷,她喜欢折磨男人,她觉得世上再也没有更愉快的享受。

就在这时,突然有人在用力地敲门。

一人大声道:"开门,快开门,我知道你在里面,我早就看见你了。"

阿飞霍然长身而起,厉声道:"什么人?"

话未说完,门已被撞开,一个人直闯了进来。

这人的年纪很轻,长得也不难看,全身都是酒气,一双满布血丝的眼睛,盯着林仙儿,似乎根本未见到屋里还有第三个人。

他指着林仙儿,咯咯笑道:"你虽然假装看不见我,我却看到你了,你还想走么?"

林仙儿脸上一丝表情也没有,冷冷道:"你是什么人?我不认得你!"

这少年大笑道:"你不认得我?你真的不认得我?你难道忘了那天的事?……好好好,我辛辛苦苦替你送了几十封信,你现在却不认得我了。"

他忽然扑过去,想抱住林仙儿,嘶声道:"但我却认得你,我死也忘不了你……"

林仙儿当然不会被他抱住,轻轻一闪身,就躲开了,惊呼道:"这人喝醉了,乱发酒疯。"

少年大喊道:"我没有喝醉,我清醒得很,我还记得你说的那些话,你说只要我替你把信送到,你就跟我好……"

他又想扑过去,但阿飞已挡住了他,厉声道:"滚出去!"

少年叫了起来,道:"你是什么人?凭什么要我滚出去!你想讨好她,告诉你,她随时随刻都会将你忘了的,就像忘了我一样。"

他突又大笑起来,吃吃笑道:"无论谁以为她真的对他好,就是呆子,呆子……她至少已跟过一百多个男人上床了。"

这句话未说完,阿飞的拳头已伸出。

只听"砰"的一声,少年已飞了出去,仰天跌在院子里。

阿飞铁青着脸,瞪着他,过了很久,他动都没有动,阿飞才缓缓转过身,面对着林仙儿。

林仙儿突然掩面痛哭起来,哭着道:"我究竟做错了什么?做错了什么……为什么这些人要来冤枉我,要来害我……"

阿飞长长叹了口气,轻轻搂住了她,柔声道:"只要有我在,你就用不着害怕。"

良久良久,林仙儿的哭声才低了下来,轻泣着道:"幸好我还有你,只要你了解我,别人无论对我怎样都没关系了。"

阿飞目中带着怒火,咬着牙道:"以后若有人敢再来欺负你,我决不饶他!"

林仙儿道:"无论什么人?"

阿飞道:"无论什么人都一样!"

林仙儿"嘤咛"一声,搂得他更紧。

但她的眼睛却在望着另一个人,目中非但完全没有悲痛之色,反而充满了笑意,笑得媚极了。

院子里也有个人正在望着她。

这人就站在倒下去的那少年身旁。

他的身材很高,很瘦,身上穿的衣服仿佛是金黄色的,长仅及膝,腰带上斜插着一柄剑。

院子里虽有灯光,却不明亮,只隐隐约约看出他脸上有三条刀疤,其中有一条特别深,特别长,正由他的发际直划到嘴角,使他看来仿佛总是带着种残酷而诡秘的笑意,令人不寒而栗。

但最可怕的,还是他的眼睛。

他的眼睛竟是死灰色的,既没有情感,也没有生命。

他冷冷地盯着林仙儿瞧了半响,慢慢地点了点头,然后就转过身,向朝南的一排屋子走了过去。

又过了半响,就有两个人跑来将院子里那少年抬走。这两人身上穿的衣服也是杏黄色的,行动都很敏捷,很矫健。

林仙儿的轻泣声这才完全停止了。

夜更深。

屋子里传出阿飞均匀的鼻息声,鼻息很重,他显然又睡得很沉了——林仙儿倒给他一杯茶之后,他就立刻睡着。

院子里静得很,只有风吹着梧桐,似在叹息。

然后,门开了。

只开了一线,一个人悄悄地走了出来,又悄悄地掩起门,悄悄地穿过院子,向朝南的那排屋子走了过去。

这排屋子还有一扇窗子,里面灯火是亮着的。

昏黄的灯光从窗子里照出来,照在她的脸上,照着她那双水汪汪的大眼睛,她眼睛迷人极了。

是林仙儿。

她已开始敲门。

只敲了一声,门里就传出一个低沉而嘶哑的声音,冷冷道:"门是开着的。"

林仙儿轻轻一推,门果然开了。

方才站在院子里的那个人,此刻正坐在门对面的一张椅子上,动也不动,就仿佛一尊自亘古以来就坐在那里的石像。

距离近了,林仙儿才看清他的眼睛。

他的眼睛几乎分不清眼球和眼白,完全是死灰色的。

他的瞳孔很大,所以当他看着你的时候,好像并没有在看你,他并没有看着你的时候;又好像在看你。

这双眼睛既不明亮,也不锐利,但却有种说不出的邪恶妖异之力,就连林仙儿看了心头都有些发冷,似乎一直冷到骨髓里。

但她脸上却还是带着动人的甜笑。

遇到的人愈可怕,她就笑得愈可爱,这是她用来对付男人的第一种武器,她已将这种武器使用得十分熟练,十分有效。

她嫣然笑道:"是荆先生吗?"

荆无命冷冷地盯着她,没有说话,也没有点头。

林仙儿笑得更甜,道:"荆先生的大名,我早已听说过了。"

荆无命还是冷冷地盯着她,在他眼中,这位天下第一美人简直就和一块木头没什么两样。

林仙儿却还是没有失望,媚笑着又道:"荆先生是什么时候来的?方才……"

荆无命突然打断了她的话,冷冷道:"你在我面前说话时,最好记着一件事。"

林仙儿柔声道:"只要荆先生说出来,我一定会记着的。"

荆无命道:"我只发问,不回答,你明白吗?"

林仙儿道:"我明白。"

荆无命道:"但我问的话,一定要有回答,而且要回答得很清楚,很简单,我不喜欢听人废话……你明白吗?"

林仙儿道:"我明白。"

她低垂着头,看来又温柔,又听话。

这正是她用来对付男人的第二种武器——她知道男人都喜欢听话的女人,也知道男人若是开始喜欢一个女人时,就会不知不觉听那女人的话了。

荆无命道:"你就是林仙儿?"

林仙儿道:"是。"

荆无命道："是你约我们在这里见面的？"

林仙儿道："是。"

荆无命道："你已替我们约好了李寻欢？"

林仙儿道："是。"

荆无命道："你为何要这样做？"

林仙儿道："我知道上官帮主一直在找李寻欢，因为李寻欢总喜欢挡别人的路。"

荆无命道："你是想帮我们的忙？"

林仙儿道："是。"

荆无命的瞳孔突然收缩了起来，目光突然变得像一根箭，厉声道："你为何要帮我们的忙？"

林仙儿道："因为我恨李寻欢，我想要他的命！"

荆无命道："你为何不自己动手杀他？"

林仙儿叹了口气，道："我杀不了他，在他面前时，我连想都不敢想，因为他一眼就能看穿别人的心事，一刀就能要别人的命！"

荆无命道："他真有那么厉害？"

林仙儿叹道："他实在比我说的还要可怕，想杀他的人都已死在他手上，除了荆先生和上官帮主外，世上绝没有别人能杀得死他！"

她抬起头，温柔地望着荆无命，柔声道："荆先生的剑法我虽未见过，也能想象得到。"

荆无命道："你凭什么能想象得到？"

林仙儿道："就凭荆先生这份沉着和冷静，我虽然不会用剑，却也知道高手相争时，剑法的变化和出手的快慢并不是最重要的，最重要的就是沉着和冷静。"

荆无命道："为什么？"

林仙儿道："因为剑法招式的变化，基本上并没有什么太大差异，武功练到某一种阶段后，出手的快慢也不会有太大分别，那时就要看谁比较冷静，谁比较沉着，谁能够找出对方的弱点，谁就是胜利者。"

她望着荆无命，目中充满了仰慕之色，接着道："当代的剑法名家，我也见得不少，若论冷静和沉着，绝没有任何一个人能比得上荆先生的。"

要恭维一个人，一定要恭维得既不肉麻，也不过分，而且正搔着对方的痒处，这样才算恭维得到家。

林仙儿恭维人的本事的确已到家了。

这正是她对付男人的第三种武器。

她知道男人都是喜欢被人恭维的，尤其是被女人恭维，要服侍一个男人的心，女人的一句恭维话往往比千军万马还有效。

荆无命面上却还是连一点表情也没有，冷冷道："你约的日子是十月初一？"

林仙儿道："是，因为我算准荆先生和上官帮主在那天一定可以赶到的。"

荆无命道："但你怎知李寻欢也一定会到呢？"

林仙儿道："我知道他一定会接到那封信，只要他接到那封信，就一定会去。"

荆无命道："你有把握？"

林仙儿笑了笑，道："他并不怕死，因为他反正也活不长了。"

她笑容忽又消失，柔声道："就因为他已自知活不长了，所以才可怕，你武功虽然比他高，和他交手时也要小心些，这种人动起手来常常会不要命的。"

她目中充满了关怀和体贴，这正是她对付男人的第四种武器——你若要别人关心你，就得先要他知道你在关心他。

一个美丽的女人若能很适当地运用这四种武器——一百个男人中最少也有九十九个半要拜倒在她脚下。

只可惜林仙儿这次遇着的却偏偏是例外——她遇着的非但不是个男人，简直不是个人！

幸好她还有样最有效的武器。

那是她最后的武器，也是女人最原始的一种武器，女人有时能征服男人，就因为她们有这种武器。

但这种武器对荆无命是否也同样有效呢？

林仙儿迟疑着。

若非绝对有把握，她绝不肯将这种武器轻易使出来。

荆无命的瞳孔在渐渐扩散，渐渐又变成一片朦朦胧胧的死灰色，对世上任何事都仿佛不会有兴趣。

林仙儿暗中叹了口气，对这男人，她实在没有把握。

荆无命缓缓道："你要说的话已说完了么？"

林仙儿道："是。"

荆无命慢慢地站了起来，走到桌子旁，背对着她，慢慢地倒了杯茶，竟再也不看她一眼。

林仙儿只有苦笑道："荆先生若没别的吩咐，我就告辞了。"

荆无命还是不理她,自怀中取出粒药丸,就着茶水吞下。

林仙儿也看不出他在干什么,等了半天,荆无命还是没有回过头来,她也没法子再待下去,只有走。

但她还未走到门口,荆无命忽然道:"听说你很喜欢勾引男人,是不是?"

林仙儿怔住了。荆无命冷冷接着道:"你一走进这间屋子,就在勾引我,是不是?"

林仙儿眼波流动,慢慢地垂下头,道:"我喜欢能沉得住气的男人。"

荆无命霍然转过身,道:"那么,你现在为何放弃了?"

林仙儿抬起头,才发现他的瞳孔突又缩小,正盯着她的身子,那眼神看来就好像她是完全赤裸着的。

她的脸似已红了,垂首道:"你的心就像是铁打的,我……我不敢……"

荆无命缓缓道:"但我的人却不是铁打的。"

林仙儿再抬起头,凝视着他,眼睛渐渐亮了起来。

荆无命道:"你要勾引我,只有一种法子,最直接的法子。"

林仙儿红着脸道:"你为什么不教我?"

荆无命慢慢地向她走了过来,冷冷道:"这法子你还用得着我来教么?"

他忽然反手一掌,掴在她脸上。

林仙儿整个人都似已被打得飞了起来，倒在床上，轻轻地呻吟着，她的脸虽已因痛苦而扭曲，但目中却射出了狂热的火花……

荆无命缓缓转过身，走到床前。

林仙儿忽然跳起来，紧紧搂住了他，呻吟着道："你要打，就打吧，打死我也没关系，我情愿死在你手上……"

荆无命的手已又落下。

屋子里不断传出呻吟声，听来竟是愉快多于痛苦。

难道她喜欢被人折磨，被人鞭打？

林仙儿走出这屋子的时候，天已快亮了。

她看来是那么狼狈，那么疲倦，仿佛连腿都无法抬起，但她的神情却是说不出的满足、平静。

每次她燃起阿飞的火焰后，自己心里也燃起了一团火，所以她每次都要找一个人发泄，将这团火熄灭。

她喜欢被人折磨，也喜欢折磨别人。

晨雾已稀。

林仙儿仰面望着东方的曙色，喃喃道："今天已是九月二十五了，还有五天……只有五天……"

她嘴角不禁露出一丝微笑。

"李寻欢你最多也不过只能再活五天了！"

第四十三章

生死之间

李寻欢在雕着木头。

那穿红衣服的小姑娘一直在旁边痴痴地瞧着他,忽然问道:"你究竟在雕什么?"

李寻欢笑了笑,道:"你看不出?"

小姑娘道:"我看你好像是想雕一个人的像,但为什么你每次都不完成它呢?也好让我看看你雕的这人漂不漂亮。"

李寻欢的笑容消失了,不停地咳嗽起来。

他就因为不愿被人看到他雕的是谁,所以每次都没有将雕像完成,虽然他也可以雕另外一个人的像,但他的手却已仿佛不听他的话,就算他雕的不是她,雕出来的轮廓也像是她。

因为他无法不想她。

窗外的天色已渐渐暗了。

小姑娘燃起了灯,忽然笑道:"今天你直到现在还没有喝酒?"

李寻欢道:"嗯。"

小姑娘道:"你不想喝酒?"

李寻欢淡淡笑道:"偶然清醒一天,也没什么不好?"

小姑娘眨着眼,笑道:"我看你还是喝些酒的好,一天不喝酒,你的手就在发抖。"

李寻欢的笑容又消失了,慢慢地抬起手,手里的刀锋在灯光下散发着淡淡的青光,光芒在闪动着。

"难道我的手真在发抖?"

李寻欢的心渐渐往下沉,他就怕有这么一天,不喝酒手就会抖,一只颤抖的手怎能发得出致人死命的飞刀?

他用力握着刀柄,指节都已因用力而发白。

但刀锋上的青光仍在不停地闪动着。

李寻欢突然觉得这只比铅还重,连抬都抬不起了。

他慢慢地垂下手,望着窗外的天色,道:"今天是什么日子?"

小姑娘道:"九月三十了,明天就是初一。"

李寻欢缓缓闭起眼睛,过了半晌,又张开,道:"郭先生呢?"

小姑娘道:"他说他要到镇上去走走。"

她嫣然一笑,接着道:"你若想喝酒,为什么一定要等他?我难道就不能陪你喝酒吗?"

李寻欢勉强笑了笑,道:"你现在就开始喝酒,未免还太早了些。"

小姑娘笑道:"既然迟早总是要喝的,还不如早些喝的好。"

李寻欢垂首望着自己手里的刀锋,忽然用力刻下了一刀。

他刻得很快,本已将变成的人像,很快就完成了,那清秀的轮廓,挺直的鼻子,看来还是那么年轻。

但人呢?人已老了。

人在忧愁中,总是老得特别快的。

李寻欢痴痴地望着这人像,目光再也舍不得移开,因为他知道从今后,已再也见不着她。

突听一人道:"这人像好美,是谁呀?是你的情人?"

小姑娘已回来了,手里托着个盘子,不知何时已到了他身后。

李寻欢勉强笑了笑,将人像藏入衣袖,道:"我也不知道她是谁,也许是天上的仙女吧……"

小姑娘眨着眼,摇着头道:"你骗我,天上的仙女都很快活,她看来却是那么忧伤……"

李寻欢道:"地上既然有许多快活的人,天上为什么不能有忧伤的仙子?"

小姑娘道:"可是你却并不快活,因为你喜欢她,却得不到她,我猜得对不对?"

李寻欢的脸色变了,一颗心也沉了下去。

小姑娘笑道:"你用不着再瞒我,看你的脸色,我就知道猜得不错。"

李寻欢苦笑道:"那已是很久很久以前的事了。"

小姑娘道:"既然是很久以前的事,你为何直到现在还忘不了她？"

李寻欢沉默了很久黯然道："等你活到我这样的年纪，你就会知道你最想忘记的人，也正是你最忘不了的……"

小姑娘慢慢地点了点头，慢慢地咀嚼着他这两句话中的滋味，似也有些痴了，连手里托着的盘子都忘记放下。

过了很久，她才幽幽地叹息了一声，道："别人都说你又冷酷，又无情，但你却不是那样的人呀。"

李寻欢道："你看我是个怎么样的人？"

小姑娘道："我看你既多愁，又善感，正是个不折不扣的多情种子，你若真的喜欢上一个女人，可真是那女人的福气。"

李寻欢笑了笑，道："这也许是因为我还未喝酒，我喝了酒后，就会变得麻木了。"

小姑娘也笑了笑，道："那么我还是赶快喝些酒吧，我也想变得麻木些，也免得苦恼。"

她忽然拿起盘子上的酒壶，将半壶酒喝了下去。

愈是年轻的人，酒喝得愈快，因为喝酒也需要勇气。

愈有勇气的人，醉得自然也愈快。

小姑娘的脸已红如桃花，忽然瞪着李寻欢道："我知道你叫李寻欢，你可知道我叫什么？"

李寻欢道："你没有说，我怎会知道！"

小姑娘道："你没有问我，我为何要说？"

她咬着嘴唇，慢慢地接着道："你不但没有问我的名字，也没有问我是什么人？怎会一个人留在这里？别的人到哪里去了？……你什么都不问，是不是觉得你已快死了，所以什么事都不想知道。"

李寻欢笑了笑，道："你醉了，女孩子喝醉了，最好赶快去睡觉。"

小姑娘道："你不想听，是不是，我偏要告诉你，我没有爹，也没有娘，所以也不知道自己姓什么，五年前小姐把我买下来了，所以我就姓林，小姐喜欢我叫'铃铃'，所以我就叫作林铃铃……"

她吃吃地笑着，接着道："林铃铃，你说这名字好不好？就像是个铃，别人摇一摇，我就'铃铃'地响，别人不摇，我就不能响。"

李寻欢叹了口气，这才知道这小姑娘也有段辛酸的往事，并不如她表面看来那么开心。

"为什么我总是遇不着一个真正快乐的人呢？"

铃铃道："你可知道我为什么一个人留在这里，告诉你也没关系，小姐叫我留在这里，就是要我看着你，每天想法子让你喝酒，让你的手发抖，她说只要你的手一开始发抖，你就活不长了。"

她瞪着李寻欢，像是在等他发脾气。

但李寻欢却只是淡淡地一笑，道："十年前就已有人说我快死了，但我却还是活到现在，你说奇怪不奇怪？"

铃铃瞪着眼，道："我已告诉你，我是在害你，你为什么不骂我？"

李寻欢道："我为什么要骂你，你只不过是个小铃铛而已。"

他长叹着接着道:"每个人活在世上,都难免要做别人的铃铛,你是别人的铃铛,我又何尝不是,那摇铃的人自己身上说不定也有根绳子被别人拎在手里。"

铃铃瞪着眼,瞧了他很久,突也长长地叹息了一声,道:"我现在才发觉你这人真不错,小姐为什么偏偏想要你死呢?"

李寻欢淡淡笑道:"一心想别人死的人,自己也迟早要死的。"

铃铃道:"但有些人死了,大家反而会觉得很开心,有些人死了,大家却都难免要流泪……"

她垂下头,幽幽地接着道:"你若死了,我说不定也会流泪的。"

李寻欢笑道:"因为我们已经是朋友了……至少我们已认识了许多天。"

铃铃摇头道:"那倒不见得,我认识那位郭先生比你久得多,他若死了,我就绝不会流一滴眼泪!"

她自己笑了笑,又补充着道:"因为我若死了,他也绝不会流泪。"

李寻欢道:"你认为他的心肠很硬?"

铃铃撇了撇嘴,道:"他也许根本就没有心肠。"

李寻欢道:"你若真的这么想,你就错了,有些人表面看来虽然很冷酷,其实却是个有血性、够义气的朋友,愈是不肯将真情流露出来的人,他的情感往往就愈真挚。"

他心中像是有很多感触,竟未发觉郭嵩阳站在门外已很久——他的确不是个很容易动情感的人。

此刻他还是静静地站在门后，面上连一点表情也没有。

阳光很早就照亮了大地。

李寻欢醒得更早，他几乎根本就没有睡着过。

天没亮的时候，他已用冷水洗了澡，将须发也洗干净了，换上了三天前他自己从镇上买来的一套青布衣服。

他的身材既不胖，也不瘦，所以虽然买的是套很粗糙的现成衣服，但穿在他身上却很合身。

现在，面对着窗外的阳光，他觉得精神好多了。

一个人身上若是干干净净的，精神自然会好得多的，他一定要使自己干净些，精神好些。

因为今天是个很特别的日子。

到了今天晚上，他说不定已不再活在这世上，但他活着时既然是干干净净的，死，也得干干净净地死。

今天这一战，他的胜算并不大，能活着的机会实在很少，但只要还有一分希望，他就绝不放弃。

他不怕死，却也不愿死在一双肮脏的手下。

阳光灿烂，枫叶嫣红，能活着毕竟不太坏呀。

他用一条青布带束起了头发，正准备刮脸。

突听一人道："你的头脑还这么乱，怎么能去会佳人？我再替你梳梳吧。"

铃铃不知何时走了进来，眼睛红红的，似乎还宿醉未醒，又似乎昨夜曾经偷偷地哭过。

李寻欢微笑着点了点头，在窗前的木椅上坐下，阳光恰好照在他脸上,他觉得很刺眼,就将眼睑阖起。

然后,他突然间又想起了十余年前的往事。

那天,天气也正和今天同样晴朗,窗外的菊花开得正艳,他坐在小楼窗前,也有个人在替他梳头发。

直到现在,他似乎还能感觉到那双手的细心和温柔。

那天,他也是正准备动身远行了,所以她梳得特别慢。

她慢慢地梳着,似乎想留住他,多留一刻也是好的,梳到最后时,她眼泪就不禁滴落在他头发上。

就在那次远行回来时,他遇着了强敌,几乎丧命,多亏龙啸云救了他,这也是他永远忘不了的。

但他却忘了龙啸云虽救了他一次、却毁了他一生——有些人为什么永远只记得别人的好处?

李寻欢闭着眼睛,苦笑着:"那天我走了后总算还回去了,今日我一去之后,还能活着回来吗?那一次我若就已一去不返,岂非还好得多?……"

他不愿再想下去,慢慢将眼睑张开一线,忽然感觉到现在正替他梳着头发的一双手,她梳得那么慢,那么温柔。

他不禁回过头,就发觉有一粒晶莹的泪珠也正从铃铃的脸上往下落,终于也滴落在他头发上。

同样温柔的手,同样晶莹的泪珠。

李寻欢仿佛又回到十余年前那阳光同样灿烂的早上,恍恍惚惚间已拉住了她的手,柔声道:"你哭了?"

铃铃红了脸,扭转头,咬着嘴唇道:"我知道你的约会就是今天,所以才会打扮得这么漂亮,是不是?"

李寻欢没有说话,因为他已发现这双手毕竟不是十年前的那双手,十年前的时光也永远回不来了。

铃铃幽幽地接着道:"你就要去会你的佳人了,我心里当然难受。"

李寻欢缓缓放下了她的手,勉强笑了笑,道:"你还是个孩子,难受究竟是什么滋味,你现在根本还不懂。"

铃铃道:"我以前也许还不懂,现在却已懂了,昨天也许还不懂,今天却已懂了。"

李寻欢笑道:"你一天之中就长大了么?"

铃铃道:"当然,有人在一夜间就老得连头发都完全白了,这故事你难道没听说过?"

李寻欢道:"他是为了自己的生死而忧虑,你是为了什么?"

铃铃垂下头,黯然道:"我是为了你……你今天一去,还会回来么?"

李寻欢沉默了很久,才长长叹息了一声,道:"你已知道我今天去会的是谁了?"

铃铃沉重地点了点头,将他的头发理成一束,用那条青布带扎了起来,一字字缓缓道:"我知道你无论如何一定要去的,谁也留不住你。"

李寻欢柔声道:"你长大后就会知道,有些事你非做不可,根本就没有选择的余地。"

铃铃道:"但我若是你昨夜为她雕像的那个人,你就会为我留下来了,是么?"

李寻欢又沉默了很久,面上渐渐露出了痛苦之色,喃喃道:"我并没有为她留下来……我从来没有为她做过任何事,我……"

他霍然长身而起,目光遥望窗外,道:"时候已不早,我该走了……"

这句话未说完,郭嵩阳已走了进来,大声道:"我刚回来,你就要走了么?"

他手里提着瓶酒,醉眼乜斜脚步也有些不稳,人还未走进屋子,已有一阵阵酒气扑鼻。

李寻欢笑道:"原来郭兄昨夜竟在镇上与人作长夜之饮,为何也不来通知我一声?"

郭嵩阳大笑道:"有时两个人对饮才好,多了一人就太挤了。"

他忽然压低语声,一只手搭着李寻欢肩头,悄悄道:"小弟心情不好时喜欢做什么事,你总该知道的。"

李寻欢笑道:"原来……"

他两个字刚说出,郭嵩阳的手已闪电般点了他七处穴道。

李寻欢的人已倒了下去。

铃铃大惊失色,赶过去扶住李寻欢,惊呼道:"你这是干什么?"

在这一瞬间,郭嵩阳的酒意竟已完全清醒,一张脸立刻又变得如岩石般冷酷,沉着脸道:"他醒来时你对他说,与上官金虹交手的机会,并不是时常都有的,这机会我绝不能错过!"

铃铃道:"你……你难道要替他去?"

郭嵩阳道:"我知道他绝不肯让我陪他去,我也不愿让他陪我去,这也正如喝酒一样,有时要两个人对饮才好,多一人就无趣了。"

铃铃怔了半晌,目中忽然流下泪来,黯然道:"他说得不错,原来你也是个好人。"

郭嵩阳冷冷道:"我无论是死是活,都不愿见到有人为我流泪,看到女人的眼泪我就恶心,你的眼泪还是留给别人吧!"

他霍然转过身,连头也不回,大步走了出去。

李寻欢虽然不能动,不能说话,却还是有知觉的,望着郭嵩阳走出门,他目中似已有热泪将夺眶而出。

也不知过了多久,铃铃才擦了擦眼泪,喃喃道:"一个人一生中若能交到一个可以生死与共的义气朋友,那当真比任何东西都要珍贵得多。"

她俯首凝视李寻欢,过了半晌,黯然接着道:"你当然也为他做过许多事,所以他才肯……才肯为你这么做。"

李寻欢闭起眼睛,心里真是说不出的难受,他忽然发觉人与人之间的情感,有时实在很难了解。

他的确为很多人做过许多事,那些人有的已背弃了他,有的已遗忘了,有的甚至出卖过他。

他并没有为郭嵩阳做过什么,但郭嵩阳却不惜为他去死。

这就是真正的"友情"。

这种友情既不能收买,也不是可以交换得到的,也许就因为世间还有这种友情存在,所以人类的光辉才能永存。

屋子里骤然暗了起来。

铃铃已掩起门,关好了窗子,静静地坐在李寻欢身旁,温柔地望着他,什么话也不再说。

四下静得甚至可以听到铜壶中沙漏的声音。

现在是什么时候了?

郭嵩阳是不是已开始和上官金虹、荆无命他们作生死之斗?

"他的生死也许只是呼吸间的事,但我却反而安安静静地躺在这里,什么事也不能为他做。"

想到这里,李寻欢的心好似已将裂开。

突然间,楼梯上响起了一阵脚步声。

脚步声很轻,很慢,但李寻欢一听就知道有两个人同时走上来,而且这两人的武功都不弱。

接着,外面就传入了敲门声:"笃、笃笃!"

铃铃骤然紧张了起来。

来的会是什么人?

是不是郭嵩阳已遭了他们的毒手,他们现在又来找李寻欢?

"笃、笃笃!"

这次敲门的声音更响。

铃铃面上已沁出了冷汗,忽然抱起李寻欢,四下张望着,似乎想找个地方将李寻欢藏起来。

"笃、笃笃！笃、笃笃……"

敲门声不停地响了起来，外面的人显然很焦急，若是再不去开门，他们也许就要破门而入。

铃铃咬着嘴唇，大声道："来了，急什么？总要等人家穿好衣服才能开门呀！"

她一面说话，一面已用脚尖挑开了衣橱的门，将李寻欢藏了进去，又抓了些衣服堆在李寻欢身上。

李寻欢虽然从不愿逃避躲藏，怎奈他现在连一根小指头都动不了，也只有任凭铃铃摆布。

只见铃铃对着衣橱上的铜镜整了整衫，理了理头发，又擦干了额角和鼻子上的冷汗。

忽然她就将衣橱的门紧紧关上，"咯"的一声上了锁。

她嘴里喃喃自语道："好容易偷空睡个午觉，偏偏又有人来，我这人怎地如此命苦。"

声音渐渐远了，然后李寻欢就听到开门的声音。

门开了，声音却反而突然停顿，铃铃似乎是在吃惊发怔，门外来的显然是两个她从未见过的人。

来的是不是上官金虹与荆无命？

门外的人也没有先开口，过了半晌，才听得铃铃道："两位要找谁呀？莫非是找错地方了么？"

门外的人还是没有开口。

只听"砰"的一声，铃铃似乎被他们推得撞到门上，然后就可以听出有两个人的脚步声走了进来。

第四十四章

两世为人

衣橱里又暗又闷,若是换了别人在李寻欢这种情况下被关在衣橱里,只怕要紧张得发疯。

来的人显然不怀好意,否则怎会对铃铃如此粗鲁。

但李寻欢这时反而平静了下来。

遇着这种无可奈何的事,他总会先想法子使自己保持冷静,因为他知道自己纵然急疯了也没有用。

这时铃铃已叫了起来,道:"你们这是什么意思?难道是土匪么?"

李寻欢心里几乎想发笑。

他想起自己那天来的时候,铃铃也将他当作强盗,这小姑娘别的本事没学会,装腔说谎的本事倒已真学得和林仙儿差不多了。

但来的这两人却完全不睬她,在外面两间屋子里走了一圈,似乎在四下搜寻着,然后就走了进来。

铃铃也冲了进来,大声道:"这是我们家小姐的闺房,你们怎么可以随便往里面闯?"

到了这时,来的这两人才终于开口了。

一人道:"我们正是来找你们家小姐的。"

这声音竟然很温柔,很好听,而且说话时还似带着笑意。

来的竟是女人!

李寻欢不禁也觉得很意外,他也想不到居然会有女人到这里来,这就难怪铃铃看到她们时会吃惊发怔了。

只听铃铃道:"你们是来找我家小姐的?你们认得她?"

那女子道:"当然认得……不但认得,而且还是好朋友。"

铃铃笑了,道:"既然如此,两位为何不早说,害得我还将两位当土匪哩。"

那女子也笑了,道:"我们的样子看来难道很像土匪?"

铃铃道:"两位这就不知道了,现在的土匪已经跟以前不一样了,有的简直比两位还要斯文,还要漂亮,谁也看不出他的身份来。"

这小姑娘当真是个鬼灵精,骂起人来一个脏字也不带。

那女子还未说话,已听到另外一个女子的声音道:"你家小姐到哪里去了?请她出来好么?"

这声音很低,说话的人嗓子似有些嘶哑,但也很好听,李寻欢觉得这声音仿佛很熟悉,却想不起她是谁了。

铃铃笑道:"两位来得真不巧,小姐前几天就出门了,只留我一个人在这里看家,两位有什么事,告诉我也是一样。"

那女子道:"她什么时候回来?"

铃铃道:"不知道……小姐没有说,我怎么敢问?"

另一个女子突然冷笑了一声,道:"我们一来,她就出门了,我们不来,她天天都在这里,难道她知道我们要来,就躲起来不敢见人么?"

这话说得很不客气,果然像是来找麻烦的。

难道她们是知道自己的丈夫时常到这里来和林仙儿幽会,所以特地赶来捉奸的么?

铃铃还是在笑,道:"两位既是小姐的朋友,她要知道两位到了,欢喜还来不及,怎么会躲起来呢?"

那女子笑道:"有些人什么人都敢见,就是不敢见朋友,你说奇怪不奇怪?"

另一个女子冷冷道:"这也许是因为她对不起朋友的事做得太多了。"

铃铃笑道:"两位真会说笑话,这地方这么小,一个大人就算要躲起来,也没地方呀。"

那女子道:"哦,是么……这地方我虽然不熟,但我若要躲起来,倒说不定可以找得到地方。"

铃铃道:"那么姑娘除非躲到这衣橱里。"

她吃吃地笑着,接着道:"但一个人若躲在衣橱里,岂非闷也要被闷死了,那滋味一定不好受。"

那女人也笑了,道:"不错,你们家小姐金枝玉叶,自然不肯躲到衣橱里去的……"

两人都笑得很开心,仿佛都觉得这件事滑稽得很。

笑了很久，那女子才接着道："只不过，你家小姐既然不肯躲到衣橱里，现在衣橱里这人是谁呢？"

铃铃道："谁？……衣橱里有人？怎么连我都不知道？"

那女子道："衣橱里若没有人，你为什么一直挡在前面呢？难道怕我们偷你们小姐的衣服吗？"

铃铃道："没有呀？……我哪里挡在前面……"

那女子柔声道："小妹妹，你虽然很聪明，很会说话，只可惜年纪还是太小了些，要想骗过我们这两个老狐狸，恐怕还要再等几年。"

李寻欢虽然看不到铃铃的脸，但也可想见铃铃此刻面上的表情一定难看得很，他自己心里当然也并不好受。

一个大男人，被人发现躲在衣橱里，那实在不是件很愉快的事，他想不出这两个女子会将他看成怎么样一个人。

他也猜不出她们究竟是怎么样的人。

这女子轻言细语，脾气仿佛温柔极了，但每句话说出来，话里都带着刺，显见必定是个极深沉，又厉害的角色。

另一个女子话虽说得不多，但一开口就是在找麻烦，似乎对林仙儿很不满，一心想来找林仙儿算账的。

听她们的脚步声，武功都不弱，并不在林仙儿之下。

李寻欢只希望此刻躲在衣橱里的真是林仙儿，也好让这两人教训教训她，她对付男人虽很有办法，但对付女人的本事就不会有那么大了。

怎奈此刻躲在衣橱里的偏偏不是林仙儿，而是李寻欢自己，老天竟偏偏要他来做林仙儿的替死鬼。

只听铃铃一声轻呼，衣橱的门已被拉开了。

李寻欢闭上眼睛，只希望这两个女子千万莫要认识他。

那女子显然也未想到衣橱里躲着的是个男人，也怔住了。

怔了半晌，才听她吃吃笑道："小妹妹，这人是谁呀，睡着了么？"

铃铃道："他……他是我表哥。"

那女子笑道："有趣有趣，有趣极了，我小的时候也常常将我的情人藏在衣橱里，有一次被人发现了，我也说他是我的表哥。"

她接着又道："为什么天下的女孩子都喜欢说自己的情人是表哥呢，难道就不能换个新花样说说么？"

铃铃道："这还是我第一次……下次我就知道换花样了。"

那女子笑道："这位小妹妹倒真是'年轻有为'，看样子连我们都比她差多了，这才真叫作后生可畏。"

另一个女子沉默了很久，才缓缓道："林仙儿既然不在这里，我们走吧。"

那女子道："急什么？我们既然来了，多坐坐又何妨？"

衣橱的门一开，李寻欢就闻到一股很诱人的香气，现在这香气更近了，那女子好像已走到他面前。

过了半晌,她又笑着道:"小妹妹,你年纪虽小,选择男人的眼光倒真不错。"

铃铃居然也在笑,道:"这地方的男人不多,好的都被小姐挑走了,我也只好将就些。"

那女子道:"这样的男人你还不满意么?你看他既不胖,也不瘦,脸长得也不讨人厌,而且看样子对女人很有经验。"

铃铃笑道:"他别的倒也还不错,就是太喜欢睡觉,一睡着就不醒。"

那女子吃吃笑道:"这也许是因为他太累了……遇着你这样的小狐狸精,他怎么会不累?"

铃铃道:"他年纪也太大了些。"

那女人道:"嗯,不错,他配你的确嫌太大了些,配我倒刚好。"

银铃般地笑着接道:"小妹妹,你若不中意,就把他让给我吧,过两天,我一定找个年轻的来陪你。"

这女子本来还好像蛮文静、蛮温柔的,但一见了男人,就完全变了,嘴里说着话,居然已将李寻欢抱了起来。

到了这里,李寻欢想不张开眼睛也不行了。

一张开眼,他又吓了一跳。

抱着他的这个女子年纪并不太大,最多也不过只有二十五六,长得也的确不难看,白生生的皮肤,水汪汪的眼睛,一张菱角小嘴,笑起来一边一个笑涡,若将她一个人分成三个,当真是个美人。

只可惜她下巴有三个，腰像水桶，身上的肉比普通三个人加起来还多，李寻欢被她抱在怀里，简直就好像睡在一堆棉花上。

他再也想不到说话那么温柔，笑声那么好听的一个女子，竟肥得如此可怕，简直肥得不像话了。

各式各样的女人他都见过不少，但像这么肥的女人，他真还从未见过，一个男人被这种女人抱着，还不如去跳河的好。

更令李寻欢吃惊的，还是另一个女子。

这女子很美，也很媚，水蛇般的细腰，穿着一套很合身的蓝衣服，衣袖却很宽，就算站着不动，也有种飘飘欲仙之态。

这女人赫然竟是被李寻欢折断一只手腕的蓝蝎子！

李寻欢暗中叹了口气，知道今天要倒霉了。

奇怪的是，蓝蝎子居然似乎已不认得他，脸上一点特别的表情也没有，甚至连看都没有多看他一眼。

那肥女人还在笑，笑得全身的肉都在发抖。她一笑起来，李寻欢就觉得好像在地震一样。

铃铃已有些发慌了，道："这人脏得很，常常几个月不洗澡，姑娘千万不要抱他，他身子不但有跳蚤还有臭虫。"

那胖女人道："脏？谁说他脏？何况他身上就算有臭虫也没关系，男人身上的臭虫，一定也有男人的味道。"她娇笑着又道："只要有男人味道的东西，我都喜欢。"

铃铃道："可是……可是他非但又脏又懒，而且还是个酒鬼。"

那胖女人道:"酒鬼更好,酒量好的男人,才有男子汉气概。"

她忽然像是已开心得忍不住了,竟伸手去摸了摸李寻欢的脸,吃吃地笑着,接着又道:"你若喜欢喝酒,我就陪你喝酒,有些事喝了酒之后再做更有趣。"

铃铃实在笑不出了,忍不住道:"有种男人,平时道貌岸然,一本正经,但一见到女人,骨头就轻了,这种男人别人都叫他色鬼,却不知道这种女人该叫作什么呢?"

那胖女人也不生气,笑嘻嘻道:"这种女人也叫作色鬼,我正是不折不扣的一个女色鬼,只要见到好看的男人,就没法子不动心。"

铃铃冷笑道:"却不知男人见了你会不会动心?"

那胖女人道:"我虽然胖了些,但懂事的男人都知道,胖女人不但温柔体贴,冬暖夏凉,而且还有种好处。"

她眼睛瞟着李寻欢嫣然一笑,轻轻地接着道:"好处在哪里,你马上就会知道了。"

铃铃突又笑了起来,笑得弯下了腰。

那胖女人瞪眼道:"你笑什么?"

铃铃道:"我笑你真是色胆包天,连他的脑筋你都敢动。"

那胖女人道:"我为什么不能动他的脑筋?"

铃铃道:"你可知道他是谁么?"

那胖女人道:"你可知道我是谁么?"

铃铃道:"你总不是他的表妹吧?"

那胖女人道:"你可听说过大欢喜女菩萨这名字?我就是女菩萨座下的至尊宝,只要是男人我就统吃。"

铃铃道:"你若敢吃他,小心吃下去梗着喉咙,吐不出来。"

至尊宝道:"我吃人从来也不吐骨头的。"

她已板起了脸,接着又道:"小妹妹,我劝你还是闭上嘴巴,要不是因为我办事前从不愿杀人,免得杀风景,你现在早就连眼睛都闭上了。"

铃铃眨了眨眼,道:"你难道就不想知道他是谁么?"

至尊宝道:"我若想知道,我自己会问他,用不着你操心,何况……我只要他是个男人就够了。"

她转过头向蓝蝎子一笑,道:"拜托你,帮帮我的忙,把这小丫头弄出去,这地方还不错,我想暂时借用一下,你可不准看。"

李寻欢全身的肉都麻了,想吐也吐不出,想死也死不了,只希望蓝蝎子来找他报仇,快些给他一刀。

怎奈蓝蝎子却像是完全不认得他了,一直冷冷地站在那里,连看都不看他一眼,此刻忽然一字字道:"这男人我也要。"

至尊宝的面色骤然变了,大声道:"什么?你说什么?"

蓝蝎子面无表情,还是一字字缓缓道:"这男人我也要!"

至尊宝瞪他,眼睛里露出了凶光,厉声道:"你敢跟我抢?"

蓝蝎子冷冷地瞪着她,道:"抢定了。"

至尊宝脸上一阵青,一阵白,忽又笑道:"你若真想要他,我们姐妹俩的事总好商量。"

蓝蝎子冷冷道:"我不是要他的人,我是要他的命!"

至尊宝展颜笑道:"这就更好办了,等我要过他的人,你再要他的命也不迟呀。"

蓝蝎子道:"等我要过他的命,你再要他的人吧。"

至尊宝目中虽已又有了怒意,还是勉强笑道:"我虽然很喜欢男人,但对死人却没什么兴趣。"

蓝蝎子道:"他现在岂非和死人差不多。"

至尊宝笑道:"他现在不能动,只不过是因为被人点了穴道,我自然有法子要他动的。"

蓝蝎子冷冷道:"等他能动的时候,我再想要他的命就已迟了。"

铃铃悠然笑道:"不错,等他能动的时候,只要他的手一动,你们就再见了!"

至尊宝动容道:"你说他是谁?"

铃铃道:"他就是小李飞刀!"

至尊宝呆住了,呆了半晌,才慢慢地摇着头道:"我不信,他若真是李寻欢,怎会看上你这么样一个小丫头。"

铃铃道:"他并没有看上我,是我看上了他,所以才希望你们快杀了他。"

至尊宝道："为什么？"

铃铃道："我家小姐常告诉我，你若看上一个男人，他却看不上你，那么你就宁可要了他的命，也不能让他落到别的女人手上。"

至尊宝叹了口气道："想不到这小丫头的心肠竟比我还毒辣。"

铃铃道："难道你还想要他的人么？你真有这么大的胆子？"

至尊宝沉吟着，缓缓道："牡丹花下死，做鬼也风流。能和李寻欢这样的名男人做一夜夫妻，就算死也不冤枉了。"

她又向蓝蝎子一笑，接着道："但你也不必着急，我要过他的人之后，还是有法子再让你要他的命。"

蓝蝎子沉着脸不说话。

至尊宝道："你莫忘了，我这次来，是为了要帮你的忙，你好歹也得给我个面子。"

蓝蝎子默然半晌，道："男人的手若被砍断了，你还有兴趣么？"

至尊宝笑道："手断了倒没有什么关系，只要别的地方不断就行了。"

蓝蝎子道："那么我就要他一只手！"

至尊宝想了想，道："左手还是右手？"

蓝蝎子恨恨道："他折断了我的右手，我也要他的一只右手！"

至尊宝叹了口气,道:"好,你来吧……但切莫弄得鲜血淋漓的,叫人恶心,用你那根蝎子尾巴随便在他手上蜇一下就算了吧。"

蓝蝎子道:"好,就这么办。"

她慢慢地走了过来,眼睛闪着光。

铃铃大声说:"你们真敢这么样对他?"

至尊宝柔声道:"小妹妹,难道你又心疼了么?"

她话未说完。

蓝蝎子衣袖中已飞出一道青蓝色的电光,闪电般向李寻欢右臂刺下——

只听一声惨呼,历久不绝。

李寻欢的人,"砰"地跌在地上。

谁也想不到这声惨呼竟是至尊宝发出的。

惨呼声中,她已抛下了李寻欢,疯狂地向蓝蝎子冲了过去。

蓝蝎子腰肢一扭,滑开了七八尺。

谁知至尊宝的腰虽比水桶还粗,动作反应却奇快无比,骤然一翻身,已抓住了蓝蝎子的手。

蓝蝎子的脸都吓白了。

至尊宝一张脸已变成青蓝色,变得说不出的狰狞可怖,双睛怒凸,瞪着蓝蝎子,咬牙道:"你……你好大的胆子,敢暗算我,我要你的命!"

只听咔嚓一声,蓝蝎子的一只手已被她连着衣袖拧了下来。

蓝蝎子又滑开数尺,脸上竟连半点痛苦之色都没有。

至尊宝拧断的还是她一只右手。

蓝蝎子已忽然大笑起来,咯咯笑道:"你再看看你手里抓的是什么?"

至尊宝一抬手,只见裹在半截衣袖中的只不过是一段闪着青光的"蝎子尾巴",原来蓝蝎子右手被李寻欢折断后,就将自己的兵器接在断腕上,用她那宽大的衣袖遮住谁也看不出。

蓝蝎子道:"中了我蝎尾之毒,走不出七步必死无疑,就算你身子比别人大些,毒性发作慢些,你能再走三步还不倒下,我佩服你。"

至尊宝狂吼一声,又冲出来。

她果然还未冲出三步,就已倒下。

蓝蝎子再也不看她一眼,转身走到李寻欢面前,垂着头,冷冷地望着他,过了半晌,才缓缓道:"伊哭就是为了去找林仙儿才会死的,我到这里来,本是为了要找林仙儿算账,和你本无关系。"

铃铃又插嘴道:"你若想他说话,为什么不解开他的穴道?"

蓝蝎子根本不理她,接着又道:"你虽然废了我的一只手,却未要我的命,总算对我有恩,我这人一生恩怨最分明,你对我有滴水之恩,我就不能眼看着你被那猪糟蹋。"

李寻欢暗中叹息了一声,他实未看出蓝蝎子竟是这么样一个人。

蓝蝎子冷冷道:"现在我既已还了你的债,你欠我的自然也非还不可,我也只要你一只右手,这总不算过分吧?"

李寻欢忽然笑了笑,慢慢地将右手伸了出来。

蓝蝎子呆住了,铃铃也呆住了。

李寻欢的手竟已能活动,竟未发出他的小李飞刀!

蓝蝎子望着这只手,哪里还能说得出话来。

铃铃却已忍不住道:"你……你这只手怎么忽然能动了?"

李寻欢苦笑道:"我本就在运气解穴,只可惜功夫不到家,一直无法冲破最后一关,谁知方才那一跌,却帮了我的忙。"

铃铃道:"那么你为何还如此听话,她要你这只手,你就乖乖地伸出来给她,你……为何不给她一刀?"

李寻欢沉下了脸,也不理她了,缓缓道:"蓝姑娘,你要的实不过分,我也毫无怨言,请。"

蓝蝎子又沉默了很久,才长长叹息了一声,喃喃道:"世上竟真有这样的人……世上竟真有这样的人……"

她将这句话一连说了两遍,突然跺了跺脚,掉头就走。

但李寻欢不知何时已跃起,挡住了她的去路,道:"请等一等。"

第四十五章

千钧一发

蓝蝎子凄然一笑,道:"还等什么,从你伸出手的那一瞬间,你就已将你的债还清了,我虽是个女人,却也还懂得'道义'两字。"

铃铃眨着眼,突又插嘴道:"女人天生就可以不讲道义,这本是女人的权利,男人天生比女人强,所以本该让女人几分。"

蓝蝎子道:"这话是谁说的?"

铃铃道:"当然是我们家小姐说的。"

蓝蝎子道:"你很听她的话?"

铃铃道:"她是在为我们女人说话,只要是女人,就该听她的。"

蓝蝎子忽然走过去,正正反反给了她十几个耳光。

铃铃被打得呆住了。

蓝蝎子冷冷道:"我也和你们一样,并不是好人,但我却要打你,你可知道为了什么?"

铃铃咬着牙,道:"因为你……你是个……"

话未说完,忽然掩着脸哭了起来。

蓝蝎子道:"就因为世上有了你们这种女人,所以女人才会被男人看不起,就因为男人看不起女人,所以我才要报复,才会做出那些事。"

她声音渐渐低了下来,似已有些哽咽,缓缓接着道:"我做那些事的时候,心里也知道,那不但是在毁别人,也是在毁我自己,我这一生,就是被我自己这样毁了的。"

李寻欢柔声道:"过去的事已过去了,你还年轻,还可以从头做起。"

蓝蝎子长长叹息了一声,黯然道:"也许你是这么想,但别人呢……别人呢……"

李寻欢道:"只要自己问心无愧,何必去管别人怎么想,一个人是为了自己活着,并不是为了别人。"

蓝蝎子抬起头,凝视着他,一字字道:"你是完全为自己活着的吗?"

李寻欢道:"我……"

蓝蝎子还是在凝视着他,嘴角露出一丝凄凉的微笑,喃喃道:"能认识你这样的人,任何人都不会后悔的,只可惜我为何没有在十年前认识你呢?……"

这句话她并没有说完,已掠了出去。

只听她声音远远传来,道:"将至尊宝的尸身留着,我会来安排她的后事,我做的事,一向用不着别人替我操心……"说到最后一字,人已远去。

铃铃本来还在轻轻啜泣着,此刻忽然抬起头来,冷笑道:"明明是自己做错了事,却偏偏要怨别人,自己明明不是个好东西,却偏偏还要逞英雄,充好汉,这种人我见了最恶心,恶心得要命。"

李寻欢叹了口气,道:"其实她倒并不是你想象中的那种人。"

铃铃撇了撇嘴,道:"她做的那些事,你以为我不知道。"

李寻欢缓缓道:"无论她做过什么事,但她的本性还是善良的,一个人只要本性善良,就还有救药。"

铃铃眼圈又红了,咬着嘴唇道:"你一定认为我的本性很坏,已无可救药了,是不是?"

李寻欢笑了笑,柔声道:"你还是个孩子,还不懂什么是善,什么是恶,什么是对,什么是错,只要有个人能好好地教教你,还来得及。"

铃铃眨了眨眼睛,道:"你肯教我么?"

李寻欢道:"只要有机会,以后……"

铃铃道:"以后?为什么要等到以后,现在……"

李寻欢道:"你知道我现在一定要去找郭嵩阳,只要我还能回来……"

铃铃又打断了他的话,道:"我知道,你这一去就永远也不会再回到这里来的了,我只不过是个小孩子,像你这样的大人物,怎么会为了我回来?"

她揉了揉眼睛,接着又道:"何况,我本不是你的什么人,我将来是好是坏,你根本就不会关心;我将来就算变得比蓝蝎子还坏十倍,也和你没关系;我就算被人杀死在路上,你也不会来替我收尸。"

她愈说愈伤心，说着说着，眼泪像断线珍珠般落了下来，好像她以后若不能学好，就完全是李寻欢害的。

在这么一个小姑娘面前，又有谁的心肠能硬得下来？

李寻欢只有苦笑道："我一定会回来看你的……"

铃铃用手掩着脸，道："像你这样的忙人，等你想到我，再回来的时候，我说不定早已死了，早已变成了又丑又坏的老太婆。"

李寻欢道："我很快就会回来……"

他这句话还未说完，铃铃已不哭了，道："真的很快？你说什么时候？我等你。"

李寻欢苦笑道："只要我还活着，等见到郭嵩阳后，我一定先回来看你一次。"

铃铃已跳了起来，破涕为笑，跳起来抱住李寻欢的脖子，道："你真是个好人，为了你，我一定也要做个好人，可是你千万不能骗我，否则我就绝不会学好的。"

李寻欢心上的负担本来已够重的了，现在却又重了许多。

铃铃这一生是好是坏，现在竟似已变成了他的责任，连推也推不掉了，连他自己都不知道怎会将这烫山芋接到手里的。

他只有苦笑。

他这一生中，接到的烫山芋的确太多了。

他实在不知道该如何安排这小姑娘，也没有空来为这件事烦恼，现在他心里只有一件事。

他只希望郭嵩阳还没有遇到荆无命和上官金虹。

他只希望自己现在赶去还不太迟。

现在的确还不太迟。

秋日仍未落到山后,泉水在阳光里闪烁如金。

金黄色的泉水中,忽然飘来一片枫叶,接着是两片、三片、七片、八片……无数片。

枫叶红如血,泉水似也被染血了。

秋尚未残,枫叶怎会凋落?

"难道这些枫叶会是被荆无命和郭嵩阳的剑气摧落的么?"

李寻欢的心情更沉重,因为他已从这些落叶中看出了两件事。

郭嵩阳和荆无命、上官金虹的决战必已开始。

这一场决战必定是惊心动魄,惨烈无比。

郭嵩阳必已陷入苦斗之中,是以枫林才会被他们的剑气摧残得如此之剧,由此可见,他至少已支持了很久。

他是否还能支持下去呢?

李寻欢恨不能肋生双翼,立刻飞到那里。

枫林中落红满地。

满山红叶竟已被剑气摧落十之六七。天地肃杀,落叶在秋风中卷舞,看来就宛如满天血云。

但除了风卷落叶外,四下就再也听不到别的声音。

恶战莫非已结束?

战胜的是谁?

枫林中寂无人影,秋风纵能语,却也无法说出李寻欢想知道的消息，只有流水的呜咽，仿佛在为战败的人悲惜。

郭嵩阳若已战死，他的尸身在哪里？

泉水中的落叶渐远，渐疏。

李寻欢俯首站在泉水旁，又弯下腰去不停地咳嗽起来。

秋日终于已没入山后，他忽然发现这本来极清澈的泉水，此刻竟带着一丝淡淡的红色。

是不是战败者的鲜血将流水染红的？

李寻欢抬起头，大步向泉水尽头处走了过去，只见一缕飞泉，自山巅倒挂而下，一泻百丈，矫若神龙。

在这百丈飞泉中，竟孤零零地挂着一个人。

这人就挂在离地面两三丈处，泉水一泻数十丈，到了这里，水力最猛，却也未能将这人冲下来。

这人穿的仿佛是件黑色的衣服，衣服已被泉水冲得七零八落，一片片黑色的碎布，随着水花四下飞激。

但这人还是直挺挺地挂在那里，动也不动。

李寻欢失声道："郭嵩阳……郭兄……"

他身形已随着呼声飞掠而起，只觉眼前水雾迷蒙，寒气袭人，接着，他又觉得一股源源不尽，势不可挡的大力冲激而来！

他的人却已钻入了飞泉，拉住那人的手。

李寻欢没有看错，挂在飞泉中的这人的确是郭嵩阳。

他全身冰冰凉凉，已全无丝毫暖意，但他的一只手却还是紧紧地握着剑柄,死也不肯放松。

他那柄名动天下的嵩阳铁剑,已齐柄没入了山石中,显见他是在临死之前,拼尽最后一分力气,将这柄剑插入山石,将自己的人挂上去。

他这样做是为了什么?

李寻欢刚将他的尸身解下,平放在泉水旁的石头上,就听到身后有人问:"他这样做是为了什么?"

根本用不着回头去看,李寻欢就已听出这是铃铃的声音,这小姑娘好像已决心要缠着他,竟在后面跟着来了。

铃铃接着又道:"他为什么要把自己挂到那里去?难道他怕你找不着他?难道他临死前还想将自己冲洗干净?"

李寻欢长长叹息了一声,道:"一个人干干净净地来,本该干干净净地走,只不过,除此之外,他当然还有别的意思。"

铃铃道:"什么意思?"

李寻欢道:"因为他不愿别人将他的尸身埋葬,也不愿别人将他带走。"

铃铃道:"这又是为了什么?难道他还要在这里等你。"

李寻欢黯然道:"他正是为了要等我。"

铃铃道:"他人已死了,还等你干什么?"

李寻欢仰面向天,一字字道:"因为他有些话要告诉我。"

铃铃怔住了,只觉身上有些凉飕飕的,想笑又笑不出,想拉住李寻欢的手又不敢,过了半响,才吃吃道:"你……你说他还有话要告诉你?"

　　李寻欢道:"不错。"

　　铃铃道:"他想告诉你什么?你难道已知道了么?"

　　李寻欢道:"我已知道了。"

　　铃铃道:"他已告诉了你?"

　　李寻欢道:"不错。"

　　铃铃道:"可是……可是你来的时候,他已死了。"

第四十六章

英雄与枭雄

李寻欢看了看郭嵩阳的尸体,长叹道:"不错,我毕竟还是来迟了一步。"

铃铃道:"他的人既然已死了,还能对你说话?难道死人还能说话?"

李寻欢道:"有些话,用不着说出,我也可以听到。"

铃铃道:"可是……可是我怎么没有听见。"

她愈来愈不懂了,所以愈来愈害怕。

人们对自己不懂的事,总会觉得有些害怕的。

李寻欢沉默了半晌,柔声道:"你也想知道他说了些什么?"

铃铃咬着嘴唇,点了点头。

李寻欢道:"其实他也已将那些话告诉了你,只不过你没有注意去听而已,要知道死人告诉你的话,往往是最可贵的,因为这是他以自己生命换来的教训,你若能学会听死人说话,就可以多懂得许多事。"

铃铃嘴唇已有些发白,道:"可是死人说的话我怎么能听得到呢？"

李寻欢道："要学会听死人说的话，自然不是件容易事，但你若想多活几年，活得好些，就该想法子学会。"

他神色很郑重，一点也没有开玩笑的意思。

铃铃颤声道："我……我不知道该怎么样学，你肯教我么？"

李寻欢道："你再仔细听听。"

铃铃闭起了眼睛。

她的确是在一心一意地听，可是她连一个字都听不见。

李寻欢道："不但要用耳朵听，还要用眼睛听。"

铃铃张开了眼睛。

只见郭嵩阳身上的衣服，本已被剑锋划破了很多处，再被泉水冲激，此刻几乎也是赤裸着的。

他的肌肤已变成灰色，因为他的血已流尽，再经过泉水冲洗，一道道剑口两旁的皮肉都翻了起来，却看不到丝毫血迹。

过了很久，李寻欢才问道："你已听出了什么？看出了什么？"

铃铃道："我……我看出他身上受了很多处伤，一共有十……十九处。"

李寻欢道："不错。"

铃铃道："这些伤看来全都是剑伤，而且是被一柄很薄，很锐利的剑所伤。"

李寻欢道："何以见得？"

铃铃道:"因为他的伤口都很短,也不太深,显见只是一种兵刃的尖锋划破的。"

李寻欢道:"为什么一定是剑尖?"

铃铃道:"因为刀尖枪尖都不可能有这么锋利。"

李寻欢点了点头,道:"很好,你已学会很多了。"

铃铃嫣然一笑,又道:"由此可见,伤他的人一定是荆无命,因为上官金虹用的是龙凤环,不是剑。上官金虹也许并没有来。"

李寻欢道:"也许他虽然来了,却没有出手。"

铃铃点着头,忽然又道:"这些剑伤都是斜的,下面较深,上面较浅。"

李寻欢道:"不错。"

铃铃道:"由此可见,对方的剑每一剑都是由下面反撩上去,这种剑法一定奇怪得很,我常听人说荆无命的剑法诡异迅急,武林罕睹,如今看来果然不错。"

李寻欢叹了口气,道:"不错,他的剑法不但诡秘怪异,而且专走偏锋,每一剑出手的部位,都是对方绝不会想到的。"

他指着郭嵩阳膝盖上一处伤口道:"你看这一剑……这一剑若是自上划下,那倒也平平无奇,但这伤口也是下深上浅,可见对方这一剑也是从下面反撩上来的。"

铃铃道:"不错。"

李寻欢道:"由此可见荆无命出手的部位,必定在膝盖以下,用的就必定是腕力,我若不看到这伤口,也想不到有人会在这种部位出手。"

铃铃只有点头。

李寻欢道:"你看到的只是他正面,他背后还有七处伤口,以郭嵩阳的武功,绝不会将背都卖给对方。"

铃铃道:"不错,我若和人交手时,也不会将背对着人的。"

李寻欢道:"由此可见,他这些伤口一定是在两人身形交错时被荆无命所伤的。那么荆无命的剑只有从自己的胁下穿出,才能刺得到对方。"

他叹息着接道:"自胁下出手本已不是常见的剑法,最怪的是,这几剑也是自下面反撩上去的,由此可见,荆无命必定已在两人身形交错时那一瞬间,改变了握剑的姿势,可乘势将剑反刺而出,他变势与出手,显见只是一个动作,所以速度必定快得可怕!"

铃铃已听得呆住了。

过了很久,她才长长叹了口气,道:"原来他就是要告诉你这些话。"

李寻欢黯然道:"若非如此,以他的武功,本不该受这么多处伤的。"

铃铃道:"为什么?"

李寻欢道:"高手决斗,胜负往往只在一招之间,无论谁的剑法有了丝毫破隙,对方绝不会放过。"

铃铃道:"这我明白。"

李寻欢道:"你想,嵩阳铁剑享誉武林二十年,单以剑法而论,已可算是当今天下数一数二的高手,又怎会在一场比斗中接连露出二十六处破绽,接连被对方刺伤了二十六处呢?"

铃铃道:"这……这倒的确有些奇怪。"

李寻欢道:"还有,荆无命的剑法既然那么毒辣,郭嵩阳这二十六处伤口都是轻伤,荆无命又怎会在他接连露出了二十六次破绽后,还不能一剑刺死他呢?"

铃铃呐呐道:"是呀……这是为什么呢?"

李寻欢沉重地叹息了一声,黯然道:"这只因郭嵩阳这二十六次破绽,都是故意露出的!"

铃铃愕然道:"故意露出来的……他难道故意要荆无命刺伤他?"

李寻欢道:"不错,就因为他破绽是故意露出来的,所以才每次都能及时闪避,所以他每次受的伤都不太重。"

铃铃更不懂了,道:"他这么做又是为了什么?"

李寻欢黯然长叹道:"他这样做,只为了要将荆无命出手的部位告诉我!"

铃铃简直说不出话来了。

过了半晌,她目中又流下泪来,垂首道:"我本来以为这世上连一个好人都没有,人们交朋友,也是为了互相利用,所以一个人若要好好地活着,就得先学会如何去利用别人,欺骗别人,千万不能讲什么道义,否则吃亏的一定是自己。"

李寻欢叹道:"这些话,自然也全都是林仙儿教你的。"

铃铃黯然点了点头道:"但现在我却已知道,这世上毕竟是有好人的，江湖间也的确有轻生死、重义气的朋友。"

她忽然在郭嵩阳尸身前跪了下来，流着泪道："郭先生，你虽然不幸死了，可是你不但帮助了你的朋友，也使我明白了做人的道理，你……你在九泉之下，也该瞑目了……"

暮色将临。

山外的古道上，正有两个人在行走着，斜阳的余晖照着他们的衣服，他们的衣服上也闪耀着一种诡异的金光。

两人都戴着顶宽大的笠帽，将面目隐藏在笠帽的阴影中，一人走在前面，另一人紧跟在身后。

他们走得不快也不慢，看来都很安详，除了脚步移动外，两人都没有说话，也没有任何别的动作。

但他们身上似乎带着种无形的杀气，他们还未走入树林，林中的归鸦已被这种杀气所惊，纷纷飞起。

有几只昏鸦恰巧自他们头上飞过，走在后面的那人突然一挥手，只见寒光闪动，飞鸦哀鸣，弹丸般跌落到地上。

那人甚至没有抬头去瞧一眼，还是不快不慢地向前走着，紧紧跟随在前面一人的身后。

生命，在他眼中看来根本就无足轻重。

他绝不允许任何有生命之物压在他头上。

树林里很昏暗。

走到这里，前面一人突然停下脚步，几乎也就在这同一刹那间，后面一人的脚步也随着停下。

西风肃杀，落叶卷舞。

前面一人自然正是上官金虹，此刻忽然道："郭嵩阳的剑法如何？"

荆无命道："好！"

上官金虹道："很好？"

荆无命道："很好，在七大剑派掌门之上。"

上官金虹道："但他与你交手时，露出的破绽却达二十六次之多。"

荆无命道："二十九次，有三次我未出手。"

上官金虹缓缓点了点头，道："不错，有三次你未出手，为什么？"

荆无命道："因为那三次我若出手，便可要他的命！"

上官金虹道："你已看出他那些破绽是故意露出来的？"

荆无命道："不错，所以我不愿他死得太快，我正好拿他来练剑！"

上官金虹道："你可知道他为何要故意露出那些破绽？"

荆无命道："不知道，我没有去想。"

除了杀人的剑法外，他什么事都不愿去想。

上官金虹道："他故意露出那些破绽，为的就是要你刺伤他。"

荆无命道："哦？"

上官金虹道:"他自知绝非我们敌手,所以才这样做,好让李寻欢看了他身上的伤口,就可看出你出手的部位。"

他抬起头,遥望山后,冷冷接着道:"由此可见,他必定早已知道李寻欢会跟着去的,你我现在若是回头,必定可以在那里找到他!"

李寻欢正在阿飞的木屋中找着柄锄头,正在掘坟——死在哪里,就葬在哪里,这正是大多数江湖人的归宿。

铃铃一直在旁边看着他,因为他不愿铃铃动手,他要一个人掘成这座坟墓,他该做的事,从不愿任何人插手。

此刻铃铃忽然道:"你真的要将郭先生葬在这里?"

李寻欢无言地点了点头。

铃铃缓缓道:"一个人只要死得光荣,无论葬在哪里都是一样的,是么?"

李寻欢道:"是。"

铃铃道:"那么你就不该将他葬在这里。"

李寻欢道:"不葬在这里,葬在哪里?"

铃铃道:"你应该将他再挂到那边的飞泉中。"

李寻欢沉默着,不置可否。

铃铃道:"像上官金虹和荆无命这样的角色,迟早必定会看破郭先生的心意,是么?"

李寻欢道:"是。"

铃铃道:"荆无命自然不愿让你看破他剑法出手的部位,所以只要他们一想到这一点,就必定会立刻赶回来。"

李寻欢道:"不错。"

铃铃道:"他们回来时,若是发现郭先生的尸体已不在原来的地方了,就必定会想到你已来过。"

李寻欢点了点头。

铃铃道:"那么,等到他们和你交手时,就必定会将剑法改变了,是么?"

李寻欢道:"不错。"

铃铃道:"那么郭先生的这一番心意岂非就白费了么?"

李寻欢还是在继续挥动着他的锄头,坟墓已将掘成了。

铃铃道:"你既是郭先生的好朋友,就应该让他死得有价值,所以你就不该将他埋葬在这里。"

李寻欢缓缓道:"你说的话,我也都想到过。"

铃铃道:"那么你为何不将郭先生的尸身挂回原来的地方去?"

李寻欢一字字道:"我不能这样做,他为我而死,我……"

铃铃打断了他的话,大声道:"就因他是为你而死的,所以你才一定要这样做,否则他岂非等于白死了?他死得能瞑目么?"

李寻欢沉默了很久,缓缓道:"我敢打赌,上官金虹和荆无命绝不会再回到这里来的!"

荆无命已回过头。

上官金虹道:"你要回去找他?"

荆无命道:"是。"

上官金虹道:"我知道你久已想与小李飞刀决一死战,可是你现在绝不能去!"

荆无命道:"为什么?"

上官金虹道:"你现在若是去了,必败无疑!"

荆无命的手霍然握住了剑柄,声音也变得更嘶哑,嘎声道:"你怎知我必败无疑?"

上官金虹道:"你已杀了郭嵩阳,杀气已减,李寻欢此刻却正是悲愤填膺,你若与他交手,在气势上你已输给他三分。"

荆无命道:"哼。"

上官金虹道:"你已经一战,再加以长途跋涉,体力总难免更弱些,李寻欢在那里以逸待劳,又占了三分便宜。"

荆无命道:"可是你……"

上官金虹道:"你我若是连手,自然能致他死命,只不过……你怎知李寻欢是一个人去的?他若是和孙老儿在一起又如何?"

荆无命道:"凭他们两人,也未必能……"

上官金虹又打断了他的话,厉声道:"我早已告诉过你,我此次出江湖,只许胜,不许败,一定要有十二分的把握,才能出手!"

荆无命默然。

上官金虹冷冷接着道:"何况,今日之你,已非昔日之你了！"

荆无命道："我还是我！"

上官金虹道："但如今你有情。"

荆无命道："有情？"

上官金虹道："你能胜人，就因为你的无情，如今你既已有情，你的人与剑势必都要日渐软弱……"

荆无命握着剑柄的手，渐渐松开了，似已被说中心事。

上官金虹道："你从不动心，如今怎会有情，是谁打动了你？"

荆无命霍然转过身，道："没有人。"

上官金虹道："我也不想问你那人是谁，但你若想胜过别人，若想胜过李寻欢，就得恢复昔日的你；你若想恢复昔日的你，就得先杀了那令你动心的女人！"

说到这里，他就转过身，不快不慢地走入了树林。

荆无命默然半晌，终于跟着走了进去。

他的双手已紧紧握住了剑柄。

夜，秋夜，夜已深。

李寻欢的心情就和他的脚步一样沉重。

郭嵩阳终于已安葬了，这名动天下的剑客，归宿也正和许许多多平凡的人一样，只不过是一抔黄土。

他死得是否比别人有价值得多？

李寻欢黯然，他也不知道这问题的答案，他只知道郭嵩阳本可不必死的，不必死的人死，岂非有些痴？

也许古往今来的英雄们，多少都有些痴。

李寻欢自己又何尝不痴？

铃铃紧紧跟随着他，忽然道："你怎么知道上官金虹他们绝不会再来？"

李寻欢道："因为他们是当代的枭雄，枭雄们的行事总和别人不同。"

铃铃眨着眼，道："有什么不同？"

李寻欢道："他们一击出手，无论中与不中，都立刻全身而退，再等第二次更有利的机会，他们绝不会做没有把握的事！"

他叹了口气，苦笑着接道："枭雄绝不会痴，所以和英雄不同。"

铃铃道："英雄都很痴么？"

第四十七章

大欢喜女菩萨

李寻欢道:"痴并不可笑,因为唯有至情的人,才能学得会这'痴'字。"

铃铃笑了,道:"痴也要学?"

李寻欢道:"当然,无论谁想学会这'痴'字,都不是件易事,因为'痴'和'呆'不同,只有痴于剑的人,才能练成精妙的剑法,只有痴于情的人,才能得到别人的真情,这些事,不痴的人是不会懂的。"

铃铃垂下头,似在咀嚼着他这几句话中的滋味。

过了很久,她才轻轻叹息了一声,幽幽道:"和你在一起,我的确懂了许多事,只可惜……只可惜你就要走了,而且绝不会带我走。"

李寻欢默然半晌,道:"至少我会先陪你回去。"

铃铃道:"那么,我们为何不走地道?那条路岂非近得多么?"

李寻欢道:"我可不是老鼠,为何要走地道?"

他笑了笑,柔声接着道:"只有那些见不得天日的人,才喜欢走地道,一个人不到万不得已的时候,还是莫要走地道的好。"

他自己心情虽然沉重,却总是想令别人觉得开心些。

铃铃果然笑了,道:"好,我听你的话,以后绝不做老鼠。"

李寻欢仰面向天,长长吸了口气,道:"你看,这里有清风,有明月,还有如此清的流水,这些事,那些专走地道的人哪里能享受得到。"

铃铃笑道:"我倒宁愿天上挂的是月饼,地上流的是美酒……"

她咽了口口水,又叹了口气,道:"老实说,我肚子实在饿了,饿得要命,回去后,第一件事我就要下厨房,做几样好吃的……"

她语声忽然顿住,因为她已嗅到一阵酒菜的香气,随风传来,这种味道在深山中自然传播得特别远。

李寻欢道:"炸子鸡、红烧肉、辣椒……还有极好的陈年花雕。"

铃铃笑道:"你也闻到味道了?"

李寻欢笑道:"年纪大了的人,耳朵虽也许会变得有点聋,眼睛也会变得有点花,但鼻子却还是照样灵得很的。"

铃铃道:"你可嗅得出这味道是从哪里来的?"

李寻欢摇了摇头,道:"我只知道镇上那小店绝没有这么好的酒,也做不出这么好的菜。"

铃铃道:"何况那小店早就关门了。"

李寻欢笑了笑道:"也许是哪家好吃的人正在做消

夜。"

铃铃摇头道："绝不会，这镇上住的几十户人家我都知道，他们日子过得都很节省，就算偶尔想弄顿消夜吃，最多也不过煮碗面，打两个蛋而已。"

李寻欢沉吟着，道："也许他们家有远客来了，所以特别招待……"

铃铃道："也不会，绝没有一家的媳妇，能烧得出这么香的菜。"

她嫣然一笑，又道："这里能烧得出好菜的只有一个人。"

李寻欢含笑问道："谁？"

铃铃指着自己的鼻子，笑道："就是我。"

她又皱了皱眉，接着道："所以我才奇怪，我还没有下厨，这酒菜的香气是从哪里来的呢？"

这时他们已转出了山口。

李寻欢忽然道："这酒菜的香气，就是从你那小楼上传来的。"

长街静寂。

山林中的人都睡得早，家家户户的灯火都已熄灭了，但一转入枫林，就可发现那小楼上依然是灯火通明。

不但那酒菜的香气是从小楼上传来的，而且楼上还隐约可以听见一阵阵男女混杂的笑声。

铃铃怔住了。

李寻欢淡淡道："莫非是你们家的小姐已回来了？"

铃铃道:"绝不会,她说过至少也要等三五个月后才会回来。"

李寻欢道:"你们家的客人本不少,也许又有远客来了,主人既不在,就自己动手弄些酒菜吃。"

铃铃道:"我先上去瞧瞧,你……"

李寻欢道:"还是我先上去的好。"

铃铃道:"为什么?这些人既然在楼上又烧菜,又喝酒,闹得这么厉害,显然并没有什么恶意,你难道还怕我先上去有危险不成?"

李寻欢笑了笑,道:"我只不过也很饿了。"

他抢先走上小楼旁的梯子,走得很小心,似乎已感觉到有人在小楼上布了个陷阱,正等着他上去。

那些酒菜的香气,正是诱他来上当的。

楼上的门是开着的。

李寻欢一走到门口,就呆住了。

他从来也未曾见过这么多,这么胖的女人。

他这一生中见到的胖女人,加起来还没有现在一半多。

小楼上的地方虽不大,也不算小,像李寻欢这么大的人,就算有一两百个在楼上,也不会挤满的。

现在楼上只有二十来个人,却已几乎将整个楼都挤满了。李寻欢想走进去,几乎都困难得很。

小楼本来用木板隔成了几间屋子,现在却已全都被打通,本来每间屋里都有一两张桌子,现在这些大大小小的桌子都已并在一起,桌子上堆满了各式各样的酒菜,堆得简直像座小山。

屋子里坐着十来个女人,她们都坐在地上,因为无论多么大的椅子她们也坐不下,就算坐下去,椅子也要被坐垮。

但谁也不能说她们是猪,因为像她们这么胖的猪世上还少见得很,而且猪也绝没有她们吃得这么多。

李寻欢走到门口的时候,恰巧有一大盘炸子鸡刚端上来,这十几个胖女人正好一起在吃炸子鸡。

那声音简直可怕极了,任何人都无法形容得出,小孩若是听到这种声音,半夜一定会做噩梦。

堆酒菜的桌子旁铺着七八张丝被,最胖的一个女人就坐在那里,还有五六个男人在旁边围着她。

这些男人一个个都穿着极鲜艳的衣裳,年纪也都很轻,长得也都不算难看,有的脸上还擦着粉。

他们身材其实也不能算十分瘦小,但和这女人一比,简直就活像个小猴子。这女人不但奇肥奇壮,而且又高又大,一条腿简直比大象还粗,穿的一双红缎软鞋,至少也得用七尺布。

那五六个男人有的正在替她敲腿,有的在替她捶背,有的在替她扇扇子,有的手里捧着金杯,在喂她喝酒。

还有两个脸上擦着粉的,就像是条小猫似的蜷伏在她脚下,她手里撕着炸子鸡,高兴了就撕一块喂到他们嘴里。

幸好李寻欢很久没吃东西了,否则他此刻只怕早就吐了出来。他平生再也没有瞧见过比这更令人恶心的事。

但是他并没有回头,反而大步走了进去。

所有的声音立刻全都停止了,所有的眼睛全都在盯着他。

被十几个女人盯着,并不是件好受的事,尤其是这些女人,她们好像将李寻欢看成只炸鸡,恨不得一起伸出手将他撕碎。

无论任何人在这种情况下,都会变得很局促,很不安。

李寻欢并没有。

就算他心里有这种感觉,表面也绝对看不出。

他还是随随便便地走着,就算是走上金殿时,他也是这样子,他就是这么样一个人,无论谁也没法子使他改变。

那最胖最大的女人眼睛已眯了起来。

她眼睛本来也许并不小,现在却已被脸上的肥肉挤成了一条线,她脖子本来也许并不短,现在却已被一叠叠的肥肉填满了。

她坐在那里简直就像是一座山,肉山。

李寻欢静静地站在她面前,淡淡地笑了笑,道:"大欢喜女菩萨?"

这女人的眼睛亮了,道:"你知道我?"

李寻欢道:"久仰得很。"

大欢喜女菩萨道:"但你却没有逃走?"

李寻欢笑道:"我为何要逃走?"

大欢喜女菩萨也笑了。

她开始笑的时候，还没有什么特别的变化，但忽然间，她全身的肥肉都开始震动了起来。

满屋子的人都随着她震动了起来，本来伏在她背上的一个穿绿衣服的男人，竟被弹了出去。

桌上的杯盘碗盏叮当直响，就像地震。

幸好她笑声立刻就停止了，盯着李寻欢道："我虽还不知道你是谁，但你的来意我已知道。"

李寻欢道："哦？"

大欢喜女菩萨道："你是为了蓝蝎子来的，是不是？"

李寻欢道："是！"

大欢喜女菩萨道："她杀死我那宝贝徒弟，就是为了你？"

李寻欢道："是。"

大欢喜女菩萨道："所以你想来救她？"

李寻欢道："是。"

大欢喜女菩萨眼睛又眯了起来，带着笑意道："想不到你这男人倒还有点良心，她为你杀人，倒还不冤枉。"

她一挑大拇指，接着道："但蓝蝎子也真可算是个了不起的女人，讲义气，有骨头，她杀了我的徒弟，非但没有逃走，反而敢来见我，以前我倒真未想到她是这么样的一个人，跟你倒可算是天生的一对儿。"

李寻欢并没有辩驳，反而微笑道："女菩萨若肯成全，在下感激不尽。"

大欢喜女菩萨道："你想将她带走？"

李寻欢道:"是。"

大欢喜女菩萨道:"我若已杀了她呢?"

李寻欢淡淡道:"那么……我也许就要替她报仇了!"

大欢喜女菩萨又笑了起来,道:"好,你不但有良心,也有胆子,我倒真还舍不得杀你。"

她的腿一伸,将伏在她腿上的一个男人弹了起来,道:"去,替这位客人倒酒。"

这男人穿着件滚着花边的紫红衣服,身材本不矮,此刻却已缩了起来,脸上居然还抹着厚厚的一层粉。

看他的五官轮廓,看他的眼睛,他以前想必也是个很英俊的男人,以前认识他的人只怕做梦也想不到他会变成这样子。

只见他双手捧着金杯,送到李寻欢面前,笑嘻嘻道:"请。"

一个人落到这种地步,居然还笑得出来。

李寻欢暗中叹了口气,也用双手接着金杯,道:"多谢。"

他无论对什么人都很客气,他觉得"人",总是"人",他一向不愿伤害别人,就算那人自己在伤害自己。

金杯的容量很大,足可容酒半斗。

李寻欢举杯一饮而尽。

大欢喜女菩萨笑道:"好,好酒量!好酒量的男人才是好男人,我这些男人谁也比不上你。"

那穿紫花衣服的男人又捧了杯酒过来,笑嘻嘻道:

"李探花千杯不醉,请,再尽这一杯。"

李寻欢怔住了。

这男人居然认得他。

大欢喜女菩萨皱眉道:"你叫他李探花?哪个李探花?"

那男人笑道:"李探花只有一个,就是大名鼎鼎的小李飞刀,李寻欢。"

大欢喜女菩萨也怔住了。

屋子里所有人的眼睛都发了直。

小李飞刀!

近十余年来,江湖中几乎已没有比他更响亮的名字!

大欢喜女菩萨突又大笑起来,道:"好,久闻小李探花不但有色胆,也有酒胆,今日一见,果然是名不虚传,除了你之外,别人也没有胆子到这里来。"

那男人笑嘻嘻道:"小李飞刀,例不虚发,这就叫艺高人胆大!"

李寻欢一直在盯着他的脸,忍不住道:"却不知阁下是……"

那男人笑道:"李探花真是贵人多忘事,连老朋友都不认得了么?"

大欢喜女菩萨目光闪动,忽又笑道:"你的人他虽已不认得,你的剑法他想必还是认得的。"

那男人咯咯笑道:"我的剑法……我的剑法连我自己都忘了。"

大欢喜女菩萨缓缓道:"你没有忘,快去拿你的剑来。"

那男人倒真听话,乖乖地走到后面去。

后面还有刀勺声在响,一阵阵香气传来,这次炒的是"干炒雪腿",正是滇贵一带的名菜。

那男人的身形虽已有些佝偻,但走起路来倒不慢,还不到半盏茶工夫,就捧着柄乌鞘长剑走了出来。

大欢喜女菩萨笑道:"来,露一手给他瞧瞧。"

笑声中,她已将手里的大半只炸鸡向这男人抛了出去。

只听"叮"的一声,剑光一闪!

这男人拧身、拔剑,剑光匹练般飞出,剑花点点。

大半只炸鸡已变成四片,一连串穿在剑上。

李寻欢失声道:"好剑法!"

他实在没有想到这男人竟有如此高明的剑法,如此迅急的出手,最奇怪的是,他使出的这一招剑法,李寻欢看来竟熟悉得很,仿佛在什么地方见过,而且还仿佛曾经和他交过手。

这男人已笑嘻嘻走了过来,道:"这鸡炸得还不错,李探花请尝一块。"

黄澄澄的炸鸡串在碧森森的剑上,果然显得分外诱人。

碧森森的剑光宛如一池秋水。

李寻欢悚然失声,竟几乎忍不住要叫了出来。

"夺情剑!"

这男人掌中的剑,竟是夺情剑。

望着这男人,李寻欢全身都在发冷,嗄声道:"游龙生,阁下莫非是藏剑山庄的游少庄主?"

这男人笑嘻嘻道:"老朋友毕竟是老朋友,你到底还是没有忘了我。"

他似乎笑得太多,脸上的粉都在簌簌地往下落。

这真的就是游龙生?这真的就是两年前雄姿英发、不可一世的少年豪杰?

李寻欢只觉全身的汗毛都竖了起来,他实在梦想不到这少年竟会变成如此模样,他不但为他悲痛,也为他惋惜。

但游龙生自己却似已完全麻木了,脸上还是笑嘻嘻的,慢慢地将挑在剑尖的炸鸡取下,挑了一块最肥的,放在嘴里咀嚼着,喃喃道:"好,味道果然与众不同,能吃到这种炸鸡,真是口福不浅。"

大欢喜女菩萨笑道:"藏剑山庄的厨子做不出这么好的炸鸡来么?"

游龙生叹了口气,道:"他们做出来的炸鸡简直就像木头。"

大欢喜女菩萨道:"若不是我,你能吃到这种炸鸡么?"

游龙生道:"吃不到。"

大欢喜女菩萨道:"你跟我在一起,日子过得开心不开心?"

游龙生笑道:"开心死了。"

大欢喜女菩萨道："蓝蝎子和我，若要你选一个，你选谁？"

游龙生似乎又想爬到她脚下去，笑嘻嘻道："当然是选我们的女菩萨。"

大欢喜女菩萨抚着肚子大笑起来，咯咯笑道："好，这小子总算是有眼光的，也不枉我疼你一场！"

她忽然指着自己的咽喉，道："来，往我这地方刺一剑，给李探花瞧瞧。"

游龙生道："那不行，若是伤了女菩萨，那怎么得了，我也要心疼死了。"

大欢喜女菩萨笑骂道："小兔崽子，凭你也能伤得了我，放心刺过来吧！"

她居然抬起了头，伸直了脖子在等。

游龙生迟疑着，眼珠子不停地在转，突然道："好！"

这"好"字出口，他剑也出手。

但见寒光闪动，如惊虹，如掣电。

游龙生剑法之快，虽不及阿飞，但也可算是武林中顶尖的高手，李寻欢曾经和他交过手，对他的剑法自然清楚得很。

大欢喜女菩萨端端正正地坐在那里，居然连动都不动，她若是个男人，倒真像一尊弥勒佛。

剑光已闪电般刺入了她咽喉。

第四十八章

女巨人

游龙生不但剑法快,手里用的"夺情剑"也可算是柄吹毛断发的利器,李寻欢对这柄剑的锋利也清楚得很。

他不信有任何人的血肉之躯能挡得住这一剑。

只听一声惊呼,游龙生的人竟突然弹了出来,跌坐在李寻欢身旁的一个胖女人身上。

这女人吃吃地笑着,搂住了他。

再看那柄剑,还插在大欢喜女菩萨的咽喉上。

但大欢喜女菩萨却还是好好地坐在那里,笑眯眯地瞧着李寻欢。

李寻欢简直说不出话来了。

这位大欢喜女菩萨,竟以脖子上的肥肉,将这柄剑夹住。这种功夫别人非但没看到,简直连听都没有听说过。

只听她吃吃笑道:"胖女人也有胖女人的好处,这话现在你总该相信了吧。"

剑柄一直在不停地颤动着,到此刻才停止。

李寻欢叹了口气,苦笑道:"女菩萨的功夫,果然非常人能及。"

这一点也不得不承认,因为谁也没有她那么多肥肉。

大欢喜女菩萨笑道:"我也听说过你的飞刀,百发百中,连我那宝贝干儿子都躲不开你的一刀,你自己当然也觉得自己蛮不错的,是吗?"

李寻欢没有说话。

大欢喜女菩萨道:"你就是仗着你那手飞刀,才敢到这里来的,是吗?"

她缓缓将夹在脖子上的剑拿了起来,带着笑道:"但你那手飞刀能杀得了我么?"

李寻欢又叹了口气,苦笑道:"杀不了。"

大欢喜女菩萨笑了,道:"你现在还想不想将蓝蝎子带走?"

李寻欢道:"想。"

大欢喜女菩萨脸色也不禁变了变,但立刻又笑道:"有趣有趣,你这人真有趣极了,你想用什么法子将蓝蝎子带走呢?"

李寻欢笑了笑,道:"我慢慢地想,总会想出个法子来的。"

大欢喜女菩萨眼睛又眯了起来,道:"好,那么你就留在我这里,慢慢地想吧。"

李寻欢笑道:"这里既然有酒,我多留几日也无妨。"

大欢喜女菩萨道:"但我这酒可不是白喝的。"

李寻欢笑道:"你想要我怎样?"

大欢喜女菩萨眯着眼,笑道:"本来我还嫌你稍微老了一点，但现在却愈看你愈中意了，所以，你也用不着再想别的法子，只要你留在这里陪我几天，我就让你将蓝蝎子带走。"

李寻欢还是在笑，悠然道："你不嫌我老，我却嫌你太胖了，你若能将身上的肉去掉一百斤，我就算陪你几个月也无妨，现在么……"

他摇了摇头，淡淡道："现在我实在没有这么好的胃口。"

大欢喜女菩萨面上骤然变了颜色，冷笑道："你敬酒不吃，要吃罚酒，好！"

她忽然一挥手。

坐在李寻欢四侧的几个胖女人立刻站了起来。

她们的人虽然胖，但动作却不慢，腿一伸，人已弹起，四面八方地向李寻欢包围了过来。

这几人中最瘦的一个，身子也有两尺宽、一尺厚，几个人站在一起，就像是道肉墙，连一丝缝隙都没有。

屋顶很低，李寻欢既不能往上跃，也不能往外冲——看到这些女人身上的肥肉，他简直一看着就恶心。

但这些女人却愈挤愈近，竟似想将他夹在中间，他的飞刀若出手，纵能击倒一人，别的人照样还是要冲上来的。

若是真的被她们夹住，那滋味李寻欢简直连想都不敢想。

只听大欢喜女菩萨大笑道："李寻欢，我知道连少林寺的罗汉阵都困不住你，但若你能破得了我这肉阵，才真的算你有本事。"

她笑声愈来愈大,整座小楼都似已随着她的笑声震动起来,小楼下的木架,也被压得吱吱发响。

李寻欢眼睛亮了,他忽然想起了铃铃。

铃铃根本没有上楼。

她自然不会眼看着李寻欢被困死,她一定在想法子——

就在这时,只听"轰"的一声,整座楼都垮了下去,只听"哎哟、扑通"之声不绝于耳,满屋子的人也随着跌了下去。

屋顶也裂开了个大洞。

李寻欢身形已掠起,燕子般自洞中蹿出。

他以为大欢喜女菩萨一定也跌了下去,她身子至少也有三四百斤,这一跌下去,纵然能爬起来,至少也得费半天劲。

谁知这大欢喜女菩萨不但反应快得惊人,轻功也绝不比别人差,李寻欢身子刚掠出,就听得又是"轰"的一声大震。

大欢喜女菩萨又将屋顶撞破了个大洞,就像是个大气球似的飞了出来,连星光月色都被她遮住。

小楼还在继续往下倒塌,灰土迷蒙,瓦砾纷飞。

李寻欢头也不回,"平沙落雁",掠下地面。

只听大欢喜女菩萨咯咯笑道:"李寻欢,你既已被我看上,就再也休想跑得了。"

笑声中,她整个人已向李寻欢扑了过来。李寻欢只觉风声呼呼，就仿佛整座山峰都已向他压下。

他的手突然向后挥出。但见寒光一闪，小李飞刀终于出手。

出手一刀，例不虚发。

鲜血飞泉般自大欢喜女菩萨脸上标出。

这一次李寻欢飞刀取的并非她的咽喉，而是她的右眼。他的飞刀一出手，就知道绝不会落空。

他有这信心。

但大欢喜女菩萨的笑声却仍未停顿，笑得李寻欢有点毛骨悚然，他忍不住猝然转身回头。

只见大欢喜女菩萨正一步步向他走了过来，面上的鲜血流个不停，飞刀还插在她眼眶里。

但她却丝毫也不觉得痛苦，还是咯咯笑道："李寻欢，我已看上了你，你就跑不了的，你还有几把飞刀，一起使出来吧，像这么大的刀，就算有一百把都插在我身上，我也不在乎！"

她忽然反手拔出那把刀，放在嘴里大嚼起来。

一柄精钢铸成的飞刀，竟被她生生嚼碎。

李寻欢也不禁怔住了。

这女人简直不是人，简直是个上古洪荒时代的巨兽，若想要她倒下，看样子真得用上一两百把刀才行。

但就在这时，突听大欢喜女菩萨发出了一声惊天动地般的狂吼，整个树林都似已被这叫声震得摇动起来。

李寻欢只见到一点碧森森的剑尖忽然自她前胸突出，接着，就有一股鲜血暴雨般飞溅了出来。

然后，他才见到游龙生双手握着夺情剑的剑柄，一把三尺七寸长的夺情剑，已全都刺入了大欢喜女菩萨的后背。

剑尖自后背刺入，前心穿出。

大欢喜女菩萨狂吼一声，将游龙生整个人都弹了起来，飞过她头顶，"砰"的一声，跌在她脚下。

她的人跟着倒下，恰巧压在游龙生身上。

只听"咔嚓、咔嚓"之声一连串地响，游龙生全身的骨头都似已被她压断，但他却咬紧牙关，不出一声。

大欢喜女菩萨牛一般喘息着，道："是你……原来是你！"

游龙生也在喘息着，道："你想不到吧……"

大欢喜女菩萨道："我……我对你不坏，你为何要……要暗算我？"

游龙生脸上的冷汗一粒粒往外冒，咬着牙道："我一直没有死，就为的是在等着这么样的一天……"

他已被压得连呼吸都已将停止，眼前渐渐发黑，只觉得大欢喜女菩萨身子一阵抽搐，忽然滚了出去。

然后，他就看到了李寻欢那双永远都带着一抹淡淡忧郁的眼睛，他也感觉到有一双稳定的手正在替他擦拭着额上的冷汗。

这双手虽然随时都可取人的性命，却又随时都在准备着帮助别人，这只手里有时握着的虽是杀人的刀，但有时却握着满把同情。

游龙生想勉强挤出一丝笑容，却失败了，只能挣扎着道:"我不是游龙生。"

李寻欢默然半晌,才沉重地点了点头,道:"你不是。"

游龙生道:"游龙生早已……早已死了。"

李寻欢黯然道:"是,我明白。"

游龙生道:"你今日根本未见到游龙生。"

李寻欢道:"我只知道他是我的朋友,别的我都不知道。"

游龙生嘴角终于露出一丝凄凉的微笑,嘎声道:"能交到你这种朋友的人,实在是运气,我只恨……"

他只觉一口气似已提不起来,用尽全身力气,大呼道:"我只恨为何不死在你手里!"

黎明。

枫林外添了三堆新坟。是游龙生、蓝蝎子和大欢喜女菩萨的坟——掘坟的正是她自己的门下。

她们对大欢喜女菩萨的死,竟丝毫也不觉得悲愤,显见这位女菩萨并非真的有菩萨心肠,活着时也并不讨人欢喜。

使这小楼倒塌的,果然是铃铃。

她自己也觉得很得意:"我只不过弄松了一根柱子,小楼就倒了下来,若不是我见机得快,要被活活压死。"

见到大欢喜女菩萨的门下一个个全都走了,她又觉得很奇怪。

"她们为什么没有替师父报仇的意思呢?"

李寻欢叹了口气,道:"这也许是因为那位女菩萨只顾着拼命填她们的肚子,却忘了去照顾她们的心。"

铃铃笑了,道:"不错,一个人的肚子若太饱,就懒得用心了。"

她又皱了皱眉,道:"但你为什么就这样放她们走了呢?"

李寻欢淡淡一笑,道:"我养不起她们。"

铃铃咬着嘴唇,沉默了半晌,用眼睛瞟着李寻欢,道:"若是只养一个人,你养得起吗?"

她眼珠子一转,接着又道:"那人吃得并不多,既不喝酒,也很少吃肉,每天只要青菜豆腐就行了,而且她还会自己煮饭,自己炒菜,菜做得好极了,你晚上睡觉,她会替你铺床,早上起来,她会替你梳头。"

李寻欢笑了笑,道:"这样的人,她自己一定会活得很愉快,用不着跟我受苦。"

铃铃的小嘴嘟了起来,恨恨道:"我知道你心里只有蓝蝎子,她的腰比我细。"

李寻欢苦笑道:"你认为我心里只有蓝蝎子?"

铃铃道:"当然,为了她,你不惜冒那么大的险,不惜去拼命,其实她早已死了,根本就用不着你为她担心。"

李寻欢叹道:"她活着时若是我的朋友,死了也是我的朋友。"

铃铃道:"那么……我难道就不是你的朋友?"

李寻欢道:"当然是。"

铃铃道："你既然肯为死了的朋友去拼命，为什么不能替活着的朋友想想呢？"

说着说着，她眼圈又红了，揉着眼睛道："我本来就没有亲人，现在连家也没有了，你难道真能眼看着我活在世上，每天向人家要剩饭吃？"

李寻欢只有苦笑。

他发觉现在的女孩子愈来愈会说话了。

铃铃往指缝里偷偷瞟了他一眼，悠悠地接着道："何况，你若不带我走，怎能找到我家小姐呢？你若找不到我家小姐，又怎么能找到你的朋友阿飞？"

阿飞正在喝汤。

牛肉汤，炖得很香，很浓。

阿飞捧在手里慢慢地啜着，眼睛茫然直视着汤碗的边缘，脸上一点表情也没有，仿佛根本辨不出这碗汤的滋味。

林仙儿就坐在对面，手托着腮，温柔地望着他，柔声道："最近你脸色不太好，多喝些汤吧，这汤滋补得很，你快趁着热喝，冷了就不好吃了。"

阿飞仰起头，将一大碗汤全都喝了下去。

林仙儿轻轻地替他抹了抹嘴，道："好不好喝？"

阿飞道："好。"

林仙儿道："还要不要再替你添一碗？"

阿飞道："要。"

林仙儿嫣然道："这就对了，最近你饭吃得比以前少得多，就该多喝几碗汤。"

屋子很简陋，却是新粉刷过的，连厨房里的墙都还没有被油烟熏黑，因为他们刚搬进来还不到两天。

林仙儿又添了碗汤，捧到阿飞面前，带着笑道："这地方虽不大，菜市场却不小，只不过卖肉的有点欺生，一斤肉就要多算我十文钱。"

阿飞低着头喝了两口汤，忽然道："明天我们不喝牛肉汤了。"

林仙儿眨着眼道："为什么？你不喜欢？"

阿飞沉默了半晌，缓缓道："我喜欢，可是我们喝不起。"

林仙儿笑了，柔声道："你用不着为钱发愁，这几年狐皮衣服正风行，上个月你打的狐狸，我一共卖了二十七两银子，到现在还没用完。"

阿飞道："总要用完的，这地方又没有狐狸可打。"

林仙儿道："等用完时再说吧，何况，我还有些私房钱。"

阿飞道："我不能用你的钱。"

林仙儿眼圈儿立刻红了，低着头道："为什么不能？这些钱既不是偷来的，也不是抢来的，是我替人家缝缝补补，用十根手指头辛苦赚来的。"

第四十九章

各有安排

林仙儿说着说着,眼泪已流了下来,幽幽地道:"你知道,以前我那些钱,都已听你的话分给人家了,你难道不信?"

阿飞长长叹了口气,柔声道:"我不是不信,只不过……我应该养你的,我不能让你受苦。"

林仙儿从背后紧紧搂住了他,伏在他身上,流着泪道:"我知道你是真心对我好,从来也没有人对我这么好,可是,我们两人既然已这么好了,你就不该再分什么你的、我的……连我的心都已是你的了,你难道不知道?"

阿飞闭上眼睛,将她的一双手紧紧握在手里,只要能永远握着这双手,他再也不要什么别的。

阿飞终于睡着了。

林仙儿将自己的手悄悄地从他手里抽了出来。

她站在床头,静静地瞧了这少年半晌,嘴角露出了一丝微笑。

她笑得那么美,却又那么残酷。

然后,她悄悄走了出去,悄悄地关起了门,回到自己屋里,从一只简陋的小木箱里,取出了个小木瓶。

她倒了杯茶,又从木瓶中倒出些闪着银光的粉末,就着茶吞下去,这些银粉她每天都不会忘记吃的。

因为这是珍珠磨成的粉,据说女人吃了,就可使青春永驻。

愈是美丽的女人愈怕老,总要想尽法子,来保住青春,却不知青春是无论什么法子也留不住的。

望着手里的小木瓶,林仙儿又不觉笑了。

"阿飞若知道这瓶珍珠粉值多少钱,一定会吓一跳。"

她发觉男人都很容易受骗,尤其容易被自己心爱的女人欺骗,所以她一向觉得男人不但很可怜,也很可笑。

她还未遇到过一个从不受骗的男人。

也许只有一个——李寻欢。

一想起李寻欢,她的心就立刻沉了下去。

"今天已经是十月初五了吧……"

李寻欢是不是已死了?为什么到现在还没有消息?

门外是一条很僻静的小路。

繁星,无月,远处的灯火已寥落。

远处忽传来一阵脚步声,两个矫健的青衣少年抬着顶小轿健步如飞而来,就在这门口停下。

过了半响,林仙儿就悄悄走了出来,掩起门,坐上轿,将四面的帘子都放落,竹帘并不密,别人虽瞧不见她,她却可瞧见别人。

轿子已抬起,向来路奔去。

他们走的并不是大路,转过两三条小径,连寥落的灯火都已见不到了,轿夫的脚步才渐渐放缓。

四野静寂,寂无人声。

再往前走,就是片木叶还未凋落的密林,密林左面有个小小的土地庙,右面是一堆堆荒坟。

轿子就在这里停了下来。

前面的轿夫,自轿底取出了个灯笼,燃起了烛火,高高挑起,灯笼是粉红色的,上面还画着一朵朵鲜红的梅花。

灯笼一燃起,树林里、坟堆间、土地庙中,就忽然鬼魅般出现四条人影,分在四个方向,向轿子这边奔了过来。

这四人脚步都不慢,神情似乎都显得很兴奋,但发现除了自己外还有别人时,四个人脚步都立刻变了,脚步也缓下,彼此瞪了一眼,目光中都带着些警戒之色,还带着些敌意。

从树林里走出来的是个脸圆圆的中年人,身上穿的衣服很华丽,看来就像个买卖做得很发财的生意人。

但他的行动却很矫健,武功的根基显然不弱。

从坟堆间走出的有两个人,右面的一人短小精悍,满身黑衣,看来仿佛有些鬼鬼祟祟的,轻功却可算是武林中的高手。

左面一人不高不矮,不胖不瘦,穿的衣服也很普通,看来丝毫不起眼,无论谁瞧见这种人,都不会多加注意。

但他的轻功却似比那短小精悍的黑衣人还高一筹。

从祠堂里走出的一人年纪最轻,气派也最大,虽施展轻功,但脚步沉稳,目光炯炯,武功也显然比别人高。

他穿着件宝蓝色的长袍,腰畔悬着柄绿鲨鱼皮鞘、黄金吞口的长剑,看来正是位翩翩佳公子。

林仙儿显然知道来的是这四个人,也没有掀帘子瞧一眼,更没有下轿子,只是银铃般笑了笑,道:"四位远来辛苦了,这里也没有备酒替四位洗尘接风,真是抱歉得很。"

四个人听到她的声音都情不自禁地露出了笑容,本来仿佛想抢着说话的,但彼此瞧了一眼,又都闭上了嘴。

林仙儿柔声道:"我知道四位都有些话要说,但谁先说呢?"

那模样最平凡的灰衣人脸上一点表情也没有,还是静静地站在那里,似乎不敢和别人争先。

那蓝衣少年皱了皱眉,背负着双手,傲然转过了头,他显然不屑和这些人为伍,是以也不愿争先。

那脸圆圆的中年人脸上堆满了微笑,向黑衣人拱了拱手,道:"兄台先请。"

黑衣人倒也不客气,纵身一跃,已到了轿前。

林仙儿已笑道:"两个月不见,你的轻功更高了,真是可喜可贺。"

黑衣人阴鸷的脸上也不禁露出得意之色,抱拳道:"姑娘过奖了。"

林仙儿道:"我求你做的两样事,想必定是马到成功,我知道你从未令我失望的。"

黑衣人自怀中取出一沓银票,双手捧了过去,道:"宝庆那一带的账已完全收齐了,这里一共是九千八百五十两,开的是山西同福号的银票。"

林仙儿自轿子里伸出一只春葱般的纤纤玉手,将那沓银票全都接了过去,似乎先点了点数目,才笑道:"这次辛苦你了,我真不知道该怎么感谢你才好。"

黑衣人眼睛还盯在林仙儿的手方才伸出来的地方,似已看得痴了,这时才勉强一笑,道:"谢字不敢当,只要姑娘还记得我这人也就是了。"

林仙儿道:"但那说书的孙老头和他孙女呢?你想必已追查出了他们的下落吧?"

黑衣人垂下了头,讷讷道:"我本来一直跟着他们的,但到了关中道上,这两人就忽然失踪了,关中道上的朋友谁也没有看到过这么样的两个人,这两人就像……就像忽然从地上消失了。"

林仙儿不说话了。

黑衣人轻笑着道:"这两人的行踪实在太神秘了,表面上虽装作不会武功,但我绝不相信,只要姑娘再给我些日子,我一定能追查出他们的来历。"

林仙儿又沉默了半晌,才叹了口气,道:"不必了,我也知道你一定跟不住他们的,这件事你虽未做成,我也不怪你,等会儿我还有要求你帮忙的事。"

黑衣人这才松了口气,垂手站到一旁,也不敢多话了。

那脸圆圆的中年人这才向另两人抱了抱拳赔笑道:"失礼,失礼……"

他一面向轿子这边走过来，一面不停地打躬作揖。

林仙儿娇笑道："做生意讲究的就是和气生财，你现在真不愧是个大老板的样子。"

这人一揖到地，满脸带着笑，道："我只不过是姑娘手下的一个小伙计而已，姑娘若不赏饭吃，我就得卷铺盖，大老板这三字，我是万万不敢当的。"

林仙儿柔声道："说什么老板，讲什么伙计，我的生意就是你的生意，只要好好地去做，这生意总有一天是你的。"

这中年人满面都起了红光，弯着腰笑道："多谢姑娘，多谢姑娘……"

他一连谢了好几遍，才从怀中取出沓银票，双手捧了过去，道："这里是去年一年赚的纯利，也开的是同福号的银票，请姑娘过目。"

林仙儿笑道："真辛苦你了，我早就知道你不但老实可靠，而且人又能干……"

她早已将银票接了过去，一面说话，一面清点，说到这里，她口气忽然变了，再也没有丝毫笑容，冷冷道："怎么只有六千两？"

中年人赔笑道："是六千三百两。"

林仙儿道："去年呢？"

中年人道："九千四百两。"

林仙儿道："前年呢？"

中年人擦了擦汗，讷讷道："前年好像……好像有一万多。"

林仙儿冷笑道："你本事可真不小，居然把买卖愈做愈回去了，照这样再做两年，咱们岂非就要贴老本了么？"

中年人不停地擦汗，吃吃道："这两年不兴缎子衣服，府绸的赚头也不大，等到明年春天的时候，就一定会有转机了。"

林仙儿默然半晌，声音忽又变得很温柔，道："这两年来，我知道你很辛苦，也该回家去享几年清福了。"

中年人面色骤然大变，颤声道："可是……可是那边的生意……"

林仙儿道："那边的生意我自然会找人去接，你也不用操心。"

中年人满面惊恐之色，痴痴道："姑娘莫非……莫非要……"

他身子一步步往后退，话未说完，突然凌空一个翻身，飞也似的向暗林那边逃了出去。

但他刚逃几步，突见寒光一闪。

惨呼声中，血光四溅，他的人已倒了下去。

那蓝衫少年掌中已多了柄青钢长剑，剑尖犹在滴血。

那灰衣人瞧了他一眼，面上仍然不动声色，只是淡淡道："好剑法。"

蓝衫少年连瞧都不瞧他一眼，将剑上的血渍在鞋底上擦了擦，挽手抖出了个剑花，"锵"的一声，剑又入鞘。

灰衣人静静地站着，也不说话了。

他等了很久，见到这蓝衫少年并没有和他抢先的意思，才微微拱了拱手，慢慢地向轿子前走了过去。

林仙儿也许早已知道这人不是两句好话就可以买动的，也没有跟他客气，一开口就问道："龙啸云已回了兴云庄？"

灰衣人道："已回去快半个月了，和他同行的除了胡不归胡疯子之外，还有个姓吕的，据说是'温侯银戟'吕凤先的堂弟，用的也是双戟，看样子武功也不弱。"

林仙儿道："那卖酒的驼子呢？"

灰衣人道："还在那里卖酒，这人倒真是深藏不露，谁也猜不透他的来历，龙啸云已到他那小店里去了两三次，看样子也还是一点结果都没有。"

林仙儿笑道："但我知道你……你必定已打听出一点来了，无论那人是什么变的，要瞒过你这双眼睛却困难得很。"

灰衣人笑了笑，缓缓道："若是我猜得不错，那驼子必定和说书的孙老头有些关系，说不定就是昔年那'背上一座山，山也压不倒'的孙老二。"

林仙儿似也觉得很惊异，又沉默了半晌，才轻轻道："你再去打听打听，明天……"

她声音愈说愈低，灰衣人只有凑过头去听，听了几句，他平平板板的一张脸上竟也露出了欢喜之色，点着头道："我知道……我记得……我先去了。"

他走的时候，步子也变得轻快起来了。

林仙儿的确有令男人服帖的本事。

黑衣人眼睛一直盯着那灰衣人，似乎恨不得给他一刀。

但这时林仙儿已又从轿子里伸出手，向他招了招。

春葱般的手，在夜色中看来更是莹白如玉。

黑衣人似又痴了，痴痴地走了过去。

林仙儿柔声道："你过来，我有话告诉你，后天晚上……"

她悄悄地在黑衣人耳畔说了几句话。

黑衣人满面都是喜色，不停地点头道："是，是，是，我明白，我怎会忘记？"

他走的时候，人似已长高了三尺。

等他走了，那蓝衫少年才走了过来，冷冷道："林姑娘你倒真是忙得很。"

林仙儿叹了口气，道："有什么法子呢？他们可不像你跟我……我总得敷衍敷衍他们。"

她又伸出手，握住了这少年的手，柔声道："你生气了么？"

蓝衫少年板着脸，道："哼。"

林仙儿痴痴笑道："你瞧你，就像个孩子似的，快上轿子，我替你消气。"

蓝衫少年本来还想板着脸，却还是忍不住笑了。

就在这时，突听一声凄厉的惨呼……

声音是从树林里传出来的。

灰衣人本已走入了树林，此刻又一步步退了出来，他一步步往后退，鲜血也随着一滴滴往下落。

退出树林，他才转过身，想往轿子这边逃。

夜色中，只见他满面俱是鲜血，赫然已被人在眉心刺了一剑。

黑衣人也正想往树林里去，瞧见他这样子，脸色也变了，刚停住了脚，灰衣人已倒在他脚下。

他莫非在树林里遇见了鬼么？

杀人的厉鬼！

黑衣人情不自禁后退了几步，一伸手，拔出了靴筒里的匕首，眼睛转也不转地瞪着那黑黝黝的密林，嘎声道："是什么人？"

树林里寂无人声，过了半晌，才慢慢地走出一个人来。

这人高而颀长，穿着件杏黄色的长衫，长仅及膝，头上戴着顶宽大的笠帽，紧压在眉际，遮去了面目。

他不但走路的姿态很奇特，佩剑的法子也和别人不同，只是随随便便地斜插在腰带上。

剑不长，还未出鞘。

这人看来也并不十分凶恶，但黑衣人一瞧见他，也不知怎地，全身都发起冷来，掌心也沁出了冷汗。

这人身上竟似带着种无声的杀气。

荆无命。

荆无命既然还活着，死的自然是李寻欢。

林仙儿笑了。

但她只是笑在心里，面上却像是怕得要命，将那蓝衣少年的手握得更紧，身子一直在不停地发抖，颤声道："这人好可怕，你知不知道他是谁？"

蓝衣少年勉强笑了笑，道："不管他是谁，有我在这里，你还怕什么？"

林仙儿透了口气，嫣然道："我不怕，我知道你一定会保护我的，只要在你身旁，就绝没有任何人敢来碰我一根手指。"

蓝衣少年挺起胸，道："对，无论他是谁，只要他敢过来，我就要他的命！"

其实他也已被荆无命的杀气所慑，手心里已在冒着冷汗，只不过他还年轻，在自己心爱的女人面前，死也不肯示弱的。

荆无命已走到那黑衣人面前。

黑衣人手里虽握着柄匕首，他用这柄匕首已不知杀过多少人了，但此刻也不知怎地，硬是不敢将这柄匕首刺出去。

他已看到了荆无命那双死灰色的眼睛。

荆无命却似乎根本连瞧都没有瞧他一眼，冷冷道："你手里这把刀能杀得死人么？"

黑衣人怔住了。

这句话问得实在有点令人哭笑不得，但别人既已问了出来，他也没法子不回答，只有硬着头皮道："自然能杀得死人的。"

荆无命道："好，来杀我吧。"

黑衣人又怔住了，怔了半晌，才勉强笑道："我与你无冤无仇，为何要杀你？"

荆无命道："因为你不杀我，我也要杀你。"

黑衣人不由自主后退了两步，脸上的冷汗一粒粒往下落，突然咬了咬牙，匕首已闪电般刺出。

兵器是一寸短，一寸险，他既然敢用这种短兵器，就必定有独特的招式，出手也自然不会慢。

但他的匕首刚刺出，剑光已飞起。

接着，就是一声惨呼，很短促，他的人已倒下，再看荆无命的剑已又回到鞘中，仿佛根本没有拔出来过。

"好快的剑！"

蓝衣少年也是使剑的名家，自己一向觉得剑法已很够快了，从来也不信世上还有人的剑法能比他更快。

直到现在他才相信。

林仙儿看到他眼角的肌肉在不停地跳动，忽然放开了他的手，道："这人的出手太快，你……你还是快逃走吧，用不着管我。"

蓝衣少年若已有四五十岁，就一定会听话得很。一个人活到四五十岁时，就会懂得性命毕竟要比面子可贵得多，若有人说"生命固可贵，爱情价更高"，这话一定是年轻小伙子说出来的。

说这话的人一定活不到五十岁。

蓝衣少年咬着牙，嗄声道："你用不着害怕，我跟他拼了！"

他口气还不十分坚决，也并没有冲过去的意思。

林仙儿眼波流动，道："不……你不能死，你还有父母妻子，还是赶快逃回去吧，我替你挡着他，反正我只是孤零零一个人，死了也没关系。"

蓝衣少年突然大喝一声，冲了过去。

林仙儿又笑了。

一个女人若要男人为她拼命,最好的法子就是先让他知道她是爱他的,而且也不惜为他死。

这法子林仙儿已不知用过多少次,从来也没有失败过。

这一次不但心里在笑,脸上也在笑。

因为她知道这蓝衣少年永远也不会再看到了。

剑光如雪。

这蓝衣少年不但剑法颇高,用的也是把好剑。

刹那之间,他已向荆无命刺出了五剑,却连一句话也没有说,他早已看出无论说什么也没有用。

荆无命居然没有回手。

蓝衣少年这五剑明明都是向他要害之处刺过去的,也不知怎地,竟全都刺了个空。

荆无命忽然道:"你是点苍门下?"

蓝衣少年的手停住了,第六剑再也刺不出去,这人一双死灰色的眼睛仿佛根本就没有看他。

他实在不懂这人怎会看出他的师承剑法。

荆无命道:"谢天灵是你的什么人?"

蓝衣少年道:"是……是家师。"

荆无命道:"郭嵩阳已死在我剑下。"

他忽然无头无尾地说出这句来,好像前言不对后语。

但这蓝衣少年却很明白他的意思。

第五十章

温柔陷阱

谢天灵乃点苍掌门,号称天南第一剑客,平生纵横无敌,却曾在郭嵩阳手下败过三次,而且败得心服口服。

如今连郭嵩阳都已死在他剑下,谢天灵自然更不是他的敌手,谢天灵的弟子就更不必说了。

蓝衣少年的脸色变了。

无论谁都可看出荆无命绝不是个说大话的人。

荆无命道:"我一出手就可取你性命,你信不信?"

蓝衣少年咬着牙,不说话。

只见剑光一闪,荆无命的剑不知何时已出手。

冰凉的剑尖,不知何时已抵住了他的咽喉。

荆无命冷冷道:"我一出手就可取你性命,你信不信?"

蓝衣少年汗如雨下,嘴唇已咬得出血,嗄声道:"你为何不索性杀了我?"

荆无命道:"你想死?"

蓝衣少年大声道:"大丈夫死有何惧?你只管下手吧!"

他虽然拼命想装出视死如归的豪气,却装得并不太高明。

荆无命道:"我若不想杀你,你也想死么?"

蓝衣少年怔住了。

若是还能好好地活着,有谁会真的想死?

荆无命道:"我知道你本想为她而死,要她觉得你是个英雄,但你若真的死了,她还会喜欢你么?"

他冷冷接着道:"她若死了,你还会不会喜欢她?"

蓝衣少年说不出话来了。

他觉得那冰冷的剑锋已离开了他的咽喉。

他觉得自己就像是个呆子。

荆无命道:"在女人眼中,一百个死了的英雄,也比不上一个活着的懦夫,这正如在你眼中,一百个死了的美人,也比不上一个活着的女人……这道理你难道还不明白?"

蓝衣少年擦了擦汗,勉强笑道:"我明白了。"

荆无命道:"现在你还想死么?"

蓝衣少年红着脸道:"活着也没有什么不好。"

荆无命道:"很好,你总算想通了。"

他冷冷接着道:"我素来不喜多话,今日却说了很多,为的就是要你想通这道理……等你想通这道理,我才好杀了你。"

蓝衣少年骇然道:"你要杀我?"

荆无命道:"我从来只发问,不回答,只有对快死的人是例外。"

蓝衣少年道："可是……可是你既然要杀我，为何又要说那些话？"

荆无命道："因为我从不杀自己想死的人……你若本就想死，我杀了你也无趣得很。"

蓝衣少年狂吼一声，一剑划出。

他的吼声也很短促，因为他的手刚抬起，荆无命的剑已划入了他的嘴，那冰冷的剑锋就贴在他舌头上。

是咸的。

他毕竟尝到了死的滋味。

剑已入鞘。

荆无命有个很奇特的习惯，那就是他每次杀了个人后，一定将剑很快地插回剑鞘，就好像他已不打算再用了似的。

因为他知道别人看到他的剑还在鞘中时，总会比较疏忽大意些。

他喜欢疏忽大意的人，这种人死得通常都比较快。

林仙儿一直在瞧着他，仔细观察着他每一个动作，她目中一直带着温柔的笑意，就仿佛初恋的少女在瞧着自己的情人。

荆无命却始终没有向她这边瞧过一眼。

林仙儿已摆出了最动人的姿势，在迎接着他。

他已走了过来，却还是没有向她瞧上一眼。

林仙儿虽还在笑着，瞳孔却已收缩。

她已发觉有些不对了。

和她好过的男人若再见着她，那双眼睛一定会像饿猫般盯着她，但这男人却连眼角都未瞟过她，就好像她身上有毒一样。

林仙儿的腰肢扭动着，那两个年轻的轿夫眼睛早已发直了，根本未瞧见那比闪电还快的剑光。

他们的惨呼刚发出，荆无命的剑又入鞘。

他的人已到了林仙儿面前。

但他那双死灰色的眼睛，还是空空洞洞地凝视着远方。

远方是一片黑暗。

林仙儿轻轻叹了口气，道："你为什么不敢看我？难道怕看了我一眼后，就不忍杀我了么？"

荆无命嘴角的肌肉直抽搐，过了很久，才厉声道："你已知道我要来杀你？"

林仙儿慢慢地点了点头，道："我知道……一个人无论多冷酷、多无情，但要杀他自己所爱的人时，神色看来总会有些不同的。"

她凄然一笑，接着道："我只想问你一句话，我既然也快死了，你总该回答我吧？"

荆无命又沉默了很久，才冷冷道："你问吧，对将死的人，我从不说谎。"

林仙儿凝视着他的脸，一字字道："我只问你，是谁要你来杀死我的？为了什么？"

荆无命的手紧握，厉声道："没有别人，也没有理由。"

林仙儿道:"一定有别人……要杀我的人,一定不是你自己。"

她笑了笑,笑得更凄凉、更美,然后才幽幽地接着道:"我知道你爱我,绝不忍杀我。"

这"爱"字在别人嘴里说出,一定会令人觉得很肉麻,但在她嘴里说出,这一个字仿佛变成了音乐。

因为她在说这个字时,不但用她的嘴、她的舌头,还用了她的手、她的腿、她的腰肢、她的眼睛……

要说这"爱"字,并不是件容易的事,有些人不愿说,有些人不敢说,有些人一生也学不会该怎么样说。

世上只怕再也不会有人说得比她更好的了。

荆无命的手握得更紧,几乎已可听到他的骨节在响。

但他面上还是毫无表情,反而冷笑道:"你真的知道?你有把握?"

林仙儿道:"我有把握,你若不爱我,就不会杀死这些人了。"

荆无命居然没有打断她的话,反而在等着她说下去。

林仙儿道:"你杀他们,只因你在嫉妒。"

荆无命道:"嫉妒?"

林仙儿道:"只要碰过我的人,甚至看过我的人,你就想要他们的命,这就是嫉妒,就是吃醋,你若不爱我,怎么会吃醋?"

荆无命的脸色发白,冷冷道:"我只知道我要杀你,我要杀的人,就再也休想活下去!"

林仙儿道:"你若真要杀我,为什么连看都不看我？你不敢？"

荆无命的手紧紧握着剑柄，甚至在这种黯淡的灯光下，也可看出他脸上正在一粒粒地冒着汗。

冷汗。

林仙儿盯着他的脸，缓缓道："你若连看都不敢看我，就算杀了我，也一定会后悔的。"

她试探着，慢慢地伸出了手。

荆无命没有动。

林仙儿的手终于握住了他的手，然后她的人也偎入了他怀里，她的手也从他手臂滑上他的胸膛，柔声道："你自己若拿不定主意，就带我去见他吧。"

她的手指动得很灵巧，而且总知道应该在什么地方停住。

荆无命的呼吸和肌肉都已紧张，嗄声道："你……你要去见谁？"

林仙儿道："去见那要你来杀我的人，我一定可以让他改变主意……"

她咬着他的耳朵轻轻地接着道："你放心，我绝不会让你后悔的。"

荆无命还是没有看她，却缓缓转过头，望着那黝黑的树林。

林仙儿眼珠子一转，悄悄道："他……他就在那树林里？"

荆无命没有回答，也已用不着回答。

林仙儿柔声道："好，我去见他，他若一定不肯放过我,你再杀我还来得及。"

荆无命等着她转过身,目光才终于投注在她的背影上,他那双死灰色的眼睛里,第一次有了感情。

是什么感情呢?是欢愉?是悲伤?还是悔恨?

这连他自己也分不清。

黝黑的树林里,看不到一点光。

林仙儿虽然走得并不快,还是几乎撞在一个人的身上。

这人站在那里,就像是一座山,冰山。

其实他的身材也不算十分高大,但看起来却令人觉得高不可攀。

林仙儿本来当然可以避开的,但她并没有这么样做,"嘤咛"一声,整个人已倒入了这人的怀里。

这人居然没有伸手去扶她。

林仙儿喘息着,自己站稳了,喘息着道:"这里真黑……真对不起……"

她站得和这人距离还不到一尺,她相信这人一定可以嗅得到她的呼吸,她相信她的呼吸一定可令男人心动。

这人却只是缓缓道:"你能令荆无命不杀你,用的就是这种法子?"

林仙儿眨着眼,道:"要他杀我的人就是你?你就是上官帮主?"

这人道:"不错,我可以告诉你,你这种法子,对我是没有用的。"

他的声音既不冷酷,也不阴森,只是平平淡淡的,绝不带丝毫感情，无论说什么话，都好像是在念书。

林仙儿眼波流动，道："那么，我要用什么法子，才能打动你呢？"

上官金虹道："你有什么法子，不妨都用出来试试。"

林仙儿道："我也知道你绝不会很容易就被女人打动的，但你为什么要荆无命杀我？"

上官金虹道："随时要杀人的人，就不能有感情，要训练出一个全无感情的人并不容易，我不能看着他毁在你手上。"

林仙儿笑了，道："但你若要他杀了我，你的损失就更大。"

上官金虹道："哦？"

林仙儿道："我自然比荆无命有用得多。"

上官金虹道："哦？"

林仙儿道："荆无命只会杀人，我也会杀人，他杀人还要用剑，还要流血，这已经落了下乘，我杀人非但看不见血，也用不着刀。"

上官金虹道："他杀人至少比你快。"

林仙儿道："快固然不错，但慢也有慢的好处，你说是么？"

上官金虹沉默了半晌，道："你除了会杀人外，还有什么好处？"

林仙儿道："我很有钱，我的钱已多得连数都数不清，多得可以要人发疯。"

上官金虹道:"这好处的确不小。"

他声音里似已有了笑意,因为他很了解钱的用处。

林仙儿道:"我当然也很聪明,可以帮你做很多事。"

上官金虹道:"不错,你一定很聪明,笨人是绝不会有钱的。"

林仙儿道:"除此之外,我当然还有别的好处……"

她声音忽然变得很低,很媚,媚笑着道:"只要你是男人,很快就会知道我说的不假,只要你愿意,我这些好处,就全部都是你的。"

上官金虹又沉默了半晌,才一字字缓缓道:"我是男人。"

树林里,已开始有雾。

荆无命全身已被雾水湿透。

他还是动也不动地站在那里,就像是已完全麻木。

雾很浓,什么都瞧不见。

是什么声音?是呻吟,还是喘息?

是林仙儿在笑,她娇笑着道:"你果然是男人,而且像你这样的男人世上还不多……我真没有想到你会是这么样一个男人。"

上官金虹道:"因为你是这样的女人,所以我才会是这样的男人。"

他的声音居然还是很平静,这倒的确不容易。

林仙儿道："但天已快亮了，我还是要回去了。"

上官金虹道："为什么？"

林仙儿道："因为有人在等我。"

上官金虹道："谁？"

林仙儿道："阿飞，你当然听说过他。"

上官金虹道："我只奇怪你为何还没有杀了他，你杀人的确太慢了。"

林仙儿道："我不能杀他，也不敢。"

上官金虹道："为什么？"

林仙儿道："因为我若杀了他，李寻欢就一定会杀死我！"

上官金虹忽然不说话了。

林仙儿叹了口气，道："我知道你也没有杀死李寻欢，否则也就不会要荆无命来杀我了，你就是要荆无命去对付李寻欢，所以才怕他变得软弱。"

上官金虹沉默了很久，道："你很怕李寻欢？"

林仙儿叹道："简直怕得要命。"

上官金虹道："他比我如何？"

林仙儿道："他比你还可怕，因为我可以打动你，却绝对无法打动他。"

她又叹了口气，接着道："他这人什么都不要，这就是他最可怕的地方。"

上官金虹："他也是人，他想必也有弱点。"

林仙儿道："他唯一的弱点就是林诗音，但我却也不敢用林诗音去要挟他。"

上官金虹道:"为什么?"

林仙儿道:"因为我没把握,只要他的刀在手,我无论做什么事都没把握。"

她长长叹息了一声,道:"所以只要他活着,我就不敢动。"

上官金虹沉默了很久,缓缓道:"你放心,他活不长的。"

第五十一章

奇峰迭起

雾淡了。

荆无命还是动也不动地站在那里,那双死灰色的眼睛,正茫然望着一滴露水自他的笠帽边缘滴落。

他似乎没有看到上官金虹一个人走出了树林。

上官金虹也没有瞧他一眼,不快不慢地从他面前走过,淡淡道:"今天有雾,一定是好天气。"

荆无命默然半晌,缓缓道:"今天有雾,一定是好天气。"

他终于转过身,不快不慢地跟在上官金虹身后,两人一前一后,终于都消失在淡淡的晨雾中。

这条街闹得很,几乎就和北平的天桥一样,什么样的玩意儿买卖都有,现在虽然还没到正午,但街道两旁已摆起各式各样的摊子,卖各式各样的零食,耍各式各样的把戏,等待着各式各样的主顾。

到了这里,铃铃的眼睛都花了,简直从来也没这么开心。

她毕竟还是个孩子。

李寻欢会带她到这里来逛街,她实在没想到。

"原来他也有些孩子气。"

看到李寻欢手里还拿着串糖葫芦,铃铃就忍不住想笑。

糖葫芦是刚买来的,买了好几串,鲜红的山楂上,浇着亮晶晶的冰糖,看来就像是一串串发光宝石。

没有一个女孩不爱宝石,铃铃吵着将刚做好的几串全买了下来,只可惜她只有两只手,拿不了这么多。

女孩子买东西,只会嫌少,绝不会嫌多的。

李寻欢只有替她拿着。其实他自己也买过糖葫芦,那自然已是很久很久以前的事了,那时他还不知道什么叫忧愁,什么叫烦恼。

现在呢?

现在他也没有空烦恼,他一直在盯着一个人,已盯了很久。

这人就走在他前面,身上背着个破麻袋,脚下拖着一双烂草鞋,头上压着顶旧毡帽,始终也没有抬起过头,就好像见不得人似的。

他走起路来虽然弯腰驼背,连脖子都缩了起来,但肩膀却很宽,若是挺直了腰,想必是条很魁伟的汉子。

无论如何,这人看来并没有什么特别,最多也只不过是个落魄失意的江湖客,也许只不过是个乞丐。

但李寻欢一看到他,就盯上他了。

他走到哪里李寻欢就盯到哪里,所以才会到这条街来。

奇怪的是,盯着他的,居然还不止李寻欢一个人。

李寻欢本来想赶过去瞧瞧他的脸,却忽然发现他后面还有个人一直在暗暗地尾随他。

这人很瘦,很高,脚步很轻健,穿的虽是套很普通的粗布衣服,但目光闪动间,精气毕露。

李寻欢一眼就看出他绝不是普通人。

他倒并没有留意李寻欢,因为他全副精神都已放在前面那乞丐身上。那乞丐走得快些,他也走得快些;那乞丐停下脚,他也立刻停下脚,装作在拍衣服,提鞋子,一双眼睛却始终未曾放松。

他看来正是个尾随盯梢的大行家。

这么样的一个人,为什么要盯着个穷乞丐呢?

李寻欢沉住了气,似乎一心想瞧个究竟。

他又是为了什么?

他和前面那乞丐又有什么关系?

那乞丐却似全不知道后面有人在尾随着他,只是弯着腰,驼着背,在前面慢慢地走着,从来也未曾回头。

路上有人给他钱,他就收下,没人给他钱,他也不讨。

铃铃眼珠子不停地转,忽然拉住李寻欢衣角,悄悄道:"我们是盯那要饭的梢么?"

这小姑娘倒真是个鬼灵精。

李寻欢只好点了点头,轻声道:"所以你说话一定要小声些。"

铃铃眨着眼,道:"他是什么人?为什么要盯他的梢?"

李寻欢道:"你不懂的。"

铃铃道:"就因为我不懂,所以才要问,你不告诉我,我就要大声问了。"

李寻欢叹了口气,苦笑道:"因为他看来很像我一个多年不见的朋友。"

铃铃更奇怪了,道:"你的朋友?难道是丐帮的门下?"

李寻欢道:"不是。"

铃铃道:"那么他是谁呢?"

李寻欢沉下了脸,道:"我说出他的名字,你也不会知道。"

铃铃嘟起嘴,沉默了半响,还是忍不住道:"我们前面也有个人在盯着他,你看出来了没有?"

李寻欢笑了笑,道:"你眼光倒不错。"

铃铃也笑了,又道:"那人又是谁呢?也是你朋友的朋友?"

李寻欢道:"不是。"

铃铃眼珠子又在转,道:"不是他的朋友?难道是他的仇家?"

李寻欢道:"也许……"

铃铃道:"那么你为什么不去告诉他?"

李寻欢叹了口气,道:"我那朋友脾气很奇怪,从不愿别人帮他的忙。"

铃铃道:"可是他……"

这句话说了一半,她的嘴终于也闭上了。

因为这时她已在忙着用眼睛去瞧,她眼睛已瞧得发直。

这条街很长,他们走了很久,才走了一半。

那乞丐正走到一个卖馄饨的摊前面。

离馄饨摊不远处,有个人正挑着担子在卖酒,几个人正蹲在担子前喝酒,其中还有个卖卜算命的瞎子,脸色似乎有些发青。

街对面,屋檐下,站着个青衣大汉。

一个卖油炸臭豆腐干的正挑着担子,往路前面走了过来。

另外还有个很高大的妇人,一直低着头站在花粉摊子前面买针线,此刻一抬头,才看出她眼睛已瞎了一只。

那乞丐刚走到这里……

卖酒的忽然放下担子。

喝酒的瞎子也立刻放下酒碗。

青衣大汉一步从屋檐下窜出。

独眼妇人一转身,几乎将花粉摊子都撞翻了。

再加上那一直盯在后面的瘦长江湖客,几个人竟忽然分成四面八方向那乞丐包围了过去。

那卖臭豆干的担子一横,正好挡住了那乞丐的去路。

街上虽不止这几个人,但这几人却无疑分外令人瞩目。

连铃铃都已看出不对了,李寻欢面上更不禁已变了颜色,他早就觉得这乞丐看来很像铁传甲,现在更毫无疑问。

他更不敢轻举妄动。

因为他知道这几人和铁传甲都有着不可化解的深仇大恨,这次出手,必已计划得极为周密,绝不容铁传甲再逃出他们的掌握，若知道有人出手救他，也许就会不顾一切，先置他于死地了。

李寻欢宁可自己死，也不能让铁传甲受到任何伤害，他生平只欠过几个人的情，铁传甲正是其中之一。

他绝不能损失铁传甲这个朋友。

就在这一瞬间，几个人已将那乞丐挤在中间。

寒光闪动，已有三柄利刃抵住了他的前心和后背，四下的人这才发觉是怎么回事，立刻纷纷散开。

谁也不愿卷入这种江湖仇杀的事件中。

只听那卖卜的瞎子冷冷道："慢慢地跟着我们走，一个字都不要说，明白了吗？"

那青衣大汉咬着牙，厉声道："你老老实实地听话，还可多活些时，若是敢乱打主意，咱们立刻就要你的命。"

那乞丐反应似乎迟钝已极，直到现在才点了点头。

独眼妇人用力在他肩上一推，咬着牙道："快走，还等什么？"

她不推也就罢了，这一推，几个人全都怔住了。

那乞丐头上的破毡帽已被推得跌了下来，露出了脸。

黄渗渗的一张脸，仿佛大病初愈，中间却有个红彤彤的酒糟鼻子，正咧开大嘴，瞧着这几人嘻嘻地傻笑。

这哪里是铁传甲，简直活脱脱像是个白痴。

李寻欢几乎忍不住要笑了出来。

那独眼妇人已气得全身都在发抖，厉声道："老五，这，这……是怎么回事？"

瘦长的江湖客脸色发绿，就像是见了鬼似的，颤声道："明明是铁传甲，我一直没有放开过他，怎么会……怎么会变……变了？"

青衣大汉恨恨跺了跺脚，反手一掌，掴在那乞丐脸上，大吼道："你是谁？究竟是谁？"

那乞丐手捂着脸，还是在傻笑，道："我是我，你是你，你为什么要打我？"

卖酒的汉子道："也许这厮就是铁传甲改扮的，先剥下他脸上一层皮再说。"

卖卜的瞎子忽然冷冷道："用不着，这人绝不是铁传甲。"

直到现在，只有他脸上还是冷冰冰的不动声色。

青衣大汉道："二哥听得出他的声音？"

瞎子冷冷道："铁传甲宁死也不会被你打一巴掌不回手的。"

他板着脸，缓缓接道："老五，你再想想，这是怎么回事？"

瘦长的江湖客脸上阵青阵白，道："这人一定是和铁传甲串通好了的，故意掉了包，将我们引到这里，好让那姓铁的乘机逃走。"

独眼妇人怒道："你是干什么的？怎会让他们掉了包？"

那江湖客垂下了头，道："也许……他上厕所的时候，我总不能……"

青衣大汉怒吼道："原来你和那姓铁的是同党，我宰了你。"

他抢着根扁担,就往那乞丐头上打了下去。

到了这时,李寻欢已不能不出手了。

无论这乞丐是不是真的痴呆,是不是铁传甲的朋友,他总算帮了铁传甲的忙,李寻欢总不能眼见他被人打死。

何况,若想知道铁传甲的消息,也得从这人身上打听。

李寻欢的身子已滑了出去。

但他一步刚滑出,突又缩回,这一发一收,一动一静当真是变化如电,别人根本就未看出。

他已用不着出手。

只听"咯"的一声,那青衣大汉打下去的扁担突然凭空断成了两截,青衣大汉一下子打空,自己身子险些栽倒。

谁也没看清是什么东西将这根扁担打断的,每个人面上都不禁变了颜色,情不自禁各后退了半步,纷纷喝道:"是什么人敢多事出手?"

屋檐下一人淡淡道:"是我。"

大家一起随声望了过去,才发现说话的是个长身玉立的白衣人,正背负着双手,仰面观赏着挂在屋檐下的一排鸟笼。

笼中鸟语啁啾。

这白衣人似乎觉得鸟比人有趣多了,连眼角都未向这些寻仇的江湖客们瞧一眼。

他眼角也有了皱纹,但剑眉星目,面白如玉,远远看来仍是位翩翩浊世的佳公子，谁也猜不出他的年纪。

青衣大汉大吼道："就是你这小子打断了我的扁担？"

白衣人这次连话都不说了。

青衣大汉、独眼妇人，纷纷怒喝着，似乎已想冲出去。

突听那卖卜的瞎子轻叱道："停住！"

他已自地上拾起了锭银子，冷冷道："这位公子虽打断了你的扁担，但这锭银子要买百把根扁担也多多有余，你不多谢人家，还敢对人家无礼？"

青衣大汉瞧瞧手里半根扁担，又瞧了瞧瞎子手里的银锭，似乎再也不信这文质彬彬的白衣人能用小小的一锭银子打断他的扁担。

白衣人忽然仰面大笑起来，朗声道："好，想不到你这瞎子的眼睛竟比别的人都有用，这锭银子，就归你吧。"

卖卜的瞎子神色不变，冷冷道："老朽眼睛虽瞎，心却不瞎，从不敢做昧心的事。"

他将银子在手里掂了掂，缓缓道："扁担只要一钱银子一条，这锭银子却足足有十两重，公子就算要赔我们的扁担，也用不了这许多。"

他一面说话，一面将手里的银子搓成条银棍，左手一拗，拗下了一小块，冷冷接道："这一钱银子老朽拜领，多下的还是物归原主！"

但见银光一闪，他的手一挥，三尺长的银棍已夹带着风声向白衣人刺出，用的赫然竟是武当"两仪剑法"中的一招妙招。

但见银光闪动，一招间已连刺白衣人前胸五六处大穴。

直等银棍刺到眼前，白衣人突然伸出中食两指在棍头一夹，他两根手指竟宛如精钢利劈，随手一剪，就将银棍剪下了一截。

白衣人淡淡笑道："你剑法倒也不弱，只可惜太慢了些。"

他说一个字，手指一剪，说完了这句话，一根三尺长的银棍已被他剪成十六七节，"叮叮当当"落了满地。

铃铃远远瞧着，此刻也不禁倒抽了口凉气，悄悄道："这人的手难道不是肉做的？"

别人看着那瞎子手里剩下的一小段银棍，一个个都已面如死灰，哪里还说得出半句话来。

白衣人又背负起双手，冷冷道："银子我已送出，就是你的，你还不捡起来？"

卖卜的瞎子脸色更青得可怕，忽然弯下腰，将地上的银子一块块捡了起来，一言不发，扭头就走。

青衣大汉、独眼妇人们也垂着头，跟在他身后。

铃铃悄笑道："来得威风，去得稀松，这些人至少还不愧为识时务的俊杰。"

李寻欢沉吟着忽然道："你看到那边卖包子水饺的小吃铺了么？"

铃铃笑道："不但早就看到了，而且早就想去尝尝。"

李寻欢道:"好,你就在那里等我。"

铃铃呆了呆,道:"你要去追那要饭的?"

那乞丐爬了起来,正笑嘻嘻地往前走,既没有过去向那白衣人道谢,也没有瞧别人一眼,刚才发生的事,似乎都与他无关。

李寻欢点了点头,道:"我有话要问他。"

铃铃的眼圈儿已有些红了,低着头道:"我不能陪你去么?"

李寻欢道:"不能!"

铃铃几乎已快哭了出来,道:"我知道,你又想甩开我了。"

李寻欢叹了口气,柔声道:"我也想吃水饺,怎么会不回来。"

铃铃咬着嘴唇,道:"好,我就相信你,你若骗我,我就在那里等你一辈子。"

那乞丐走得并不快。

李寻欢却也并不急着想追上他,这条街的人实在太多。

人多了说话有些不便,何况,他发觉那白衣人的眼睛竟一直在盯着他,仿佛忽然觉得他这人毕竟还是比鸟有趣得多。

李寻欢也很想仔细看看这白衣人,方才他露的那手"指剪银棍"的功夫,实在已引起了李寻欢的兴趣。

武林中像他这样的高手并不多。

事实上,李寻欢根本就想不出世上谁有他这样的指上功力——铃铃形容的话并不过分!

"这人的手指简直不像是肉做的。"

只要是练武的人,遇着这种身怀绝技的高手,不是想去和他较量较量,就是想去和他结交结交。

若换了平日,李寻欢也不会例外。

现在他却没有这种心情,他寻找铁传甲已有很久,始终也得不到消息,这一次机会他绝不能错过。

白衣人已向他走过来了,似乎想拦住他的去路。

幸好方才散开的人群现在又聚了过来,争着一睹那白衣人的风采,李寻欢就趁着这机会,挤出了人丛。

再抬头看时,那乞丐竟已走到街的尽头,向左转了过去。

左边的一条街,人就少得多了,也不太长。

李寻欢大步赶了过去,那乞丐竟已不见,一直走完这条街,再转过另一条街,竟还是瞧不见那乞丐的影子。

他怎会忽然失踪了?

李寻欢沉住了气,沿着墙角慢慢地向前走。

这条街上两旁都是人家的后门,前面一个门洞里,似乎蹲着个人,手里也不知拿着个什么东西,正在往自己身子上擦。

李寻欢还未看到他的人,已看到那顶破毡帽。

那乞丐原来躲到这里来了。

他在干什么?

李寻欢不想惊动他,慢慢地走了过去。

那乞丐还是吃了一惊,赶紧将手里的东西往背后藏。

只不过李寻欢的眼睛可比他的手快多了,早已看到他手里拿着的是一小段银子,显然就是方才那白衣人剪下来的,已被他擦得雪亮。

李寻欢笑了笑,道:"朋友贵姓?"

那乞丐瞪着他,道:"我不是你的朋友,你也不是我的朋友,我不认得你,你也不认得我。"

李寻欢还是微笑着,道:"我想向你打听一个人,那人你一定认得的。"

第五十二章

陷阱

那乞丐摇着头,道:"我什么人也不认得,什么人也不认得我;我一个人也不认得,一个人也不认得我。"

这人果然有些痴痴呆呆,明明是很简单的一句话,他却要反反复复说上好几次,而且说话时嘴里就像是含着个鸡蛋似的,含糊不清。

李寻欢正想用别的法子再问问他时,他却已往李寻欢胁下钻了过去,一溜烟似的跑了。

他跑得很快,却绝不像是有轻功根基的人,天下的乞丐都跑得很快,这似乎早已变成乞丐的唯一本事。

但李寻欢自然比他还要快得多。

那乞丐一面跑,一面喘着气,道:"你这人想干什么?想抢我的银子?"

李寻欢笑了笑,忽然一伸手,竟真的将他握在手里的银子抢了过来。

那乞丐大叫道:"不得了,不得了,有强盗在抢银子呀!"

幸好这条路很僻静,不见人踪,否则李寻欢倒真不知该怎么办才好,若连乞丐的银子都要抢,岂非变成了第八流的强盗。

那乞丐叫的声音更大,道:"快把银子还给我,不然我跟你拼命。"

李寻欢道:"只要你回答我几句话,我不但将这点银子还给你,还送你一锭大的。"

那乞丐眨着眼,似乎考虑了很久,才点头道:"好,你要问我什么?"

李寻欢道:"你可是铁传甲的朋友?"

那乞丐摇头道:"我没有朋友……穷要饭的都没有朋友。"

李寻欢道:"那么,你为何要帮他的忙?"

那乞丐头摇得更快,道:"谁的忙我也不帮,谁也没帮过我的忙。"

李寻欢沉吟着,道:"你今天难道没有见到过一个身材很高大、皮肤很黑、脸上长着络腮大胡子的人么?"

那乞丐想了想,道:"我好像看到过一个。"

李寻欢大喜道:"你在哪里看到他的?"

那乞丐道:"在茅房里。"

李寻欢道:"茅房?"

那乞丐道:"茅房就是大便的地方,我正在大便,那小子忽然闯了进来,问我想不想赚几斤酒喝。"

李寻欢笑道:"谁不想赚几斤酒喝?"

那乞丐道:"但我看那小子穿得比我还破烂,哪里像有钱买酒给我喝的样子。"

李寻欢笑道:"愈有钱的人,愈喜欢装穷,这道理你不明白?"

那乞丐也笑了,道:"一点也不错,那小子果然有锭银子,而且还给我看了,我就问他要我怎么样才能赚得到这锭银子。"

李寻欢道:"他怎么说?"

那乞丐笑道:"我以为他一定有什么稀奇古怪的花样,谁知他只是要我跟他换套衣服,然后低着头走出去,千万不要抬头。"

李寻欢笑道:"这银子赚得倒真容易。"

他这次真是往心里笑出来的,像铁传甲那样的人,现在居然也会用这"金蝉脱壳"之计了,实在是令人欢喜。

那乞丐笑得更开心,道:"是呀,所以我看那小子一定有毛病。"

李寻欢笑道:"我也有毛病,我的银子比他的更好赚。"

那乞丐道:"真的?"

李寻欢把身上所有的银子都拿了出来——他将家财分散的时候,铁传甲坚持为他留下了些生活的必需费用。

这些年来,他就是以此度日的,否则他莫说喝酒,连吃饭都要成问题,这也是他要感激铁传甲的许多种原因之一。

那乞丐望着他手里的银子,眼睛都直了。

李寻欢微笑道:"只要你能带我找到那有毛病的小子,我就将这些银子都给你。"

那乞丐立刻抢着道:"好,我带你去,但银子你却一定要先给我。"

李寻欢立刻用两只手将银子捧了过去。

只要能找到铁传甲,就算要他将心捧出来,他也愿意。

那乞丐笑得连口水都流了出来,一面将银子手忙脚乱地往怀里揣,一面嘻嘻地笑着道:"我看你这银子一定是偷来的,否则怎会如此轻易就送人?"

他抢银子的时候,自然难免要碰到李寻欢的手。

他的手刚碰到李寻欢的手,五指突然一搭、一勾——

李寻欢只觉手腕上像是突然多了道铁箍。

接着,他的人竟被拎了起来!

这乞丐不但出手快得骇人,这一搭、一勾,两个动作中,竟包藏了当代武林中四种最可怕的武功。

他手指刚搭上李寻欢手指时,就使出了内家正宗"沾衣十八跌"的内力,无论任何人被他沾着,都再也休想甩开。

接着,他就使出了传自武当的"七十二路擒拿手",搭住了李寻欢的脉门,无论任何人的脉门被他扣住,真力就再也休想使得出。

然后,他再以"分筋错骨手"错开李寻欢的筋骨。

最后他那一招,用的却是塞外摔跤的手法,无论任何人只要被他拎起、摔下,就再也休想爬得起来。

这四种功夫有的是少林正宗,有的是武当真传,有的是内家功夫,有的是外家功夫,但无论哪一种,都不是轻易可以学得到的。就算能学到,也不容易练成;就算能练成,至少也得下十年八年的苦功。

这乞丐却将每种功夫都练得炉火纯青,有十足的火候。

李寻欢就算已看出他不是常人,却也绝对看不出他是这样的高手;就算知道他身怀武功,却也绝对想不到他会暗算自己。

李寻欢这一生中,从来也没有如此吃惊过。

李寻欢竟像条死鱼般被摔在地上,摔得他两眼发花,几乎晕了过去。等他眼前的金星渐渐消散时,他瞧见那乞丐的脸就在他面前,正蹲在他身旁,用一只手扼住了他咽喉,笑嘻嘻瞧着他。

"这人究竟是谁?为什么要暗算我?"

"难道他早已认出我是谁了?"

"他和铁传甲又有什么关系?"

李寻欢心里虽然有很多疑问,却连一句也没有问出来。

在这种情况下,他觉得自己还是闭着嘴好些。

那乞丐却开口了,笑嘻嘻道:"你为什么不说话?"

李寻欢笑了笑,道:"阁下的脖子若被人扼住,还有什么话好说?"

那乞丐道:"若有人暗算了我,又扼住了我的脖子,我一定要将他祖宗八代都骂出来。"

李寻欢道:"我眼睛并没有瞎,却未看出阁下是身怀绝技的武林高手，要骂也只能骂我自己。"

那乞丐笑了，摇着头笑道："你果然是个怪人，像你这样的怪人我倒未见过……你再说两句，我就只怕要脸红了！"

他忽然大声道："这人不但是个君子，而且还是个好人，这种人我一向最吃不消，你们再不出来，我可不管了。"

原来他还有同党。

李寻欢实在猜不出他的同党是谁，只听"呀"的一声，旁边的一道小门忽然开了，走出了六七个人来。

看到这几人，李寻欢才真的吃了一惊。

他永远想不到这几人也是那乞丐的同党。

原来这件事从头到尾都是他们早已计划好的圈套。

第一个从小门里走出来的，竟是那卖卜的瞎子。

接着，就是那独眼妇人、青衣大汉、卖臭豆干的小贩……

李寻欢叹了口气，苦笑道："妙计妙计，佩服佩服。"

瞎子面上仍是毫无表情，冷冷道："不敢。"

李寻欢道："原来这件事根本就和铁传甲全无关系。"

瞎子缓缓道："关系是有的，只不过……"

那乞丐抢着道："只不过我从来未曾见过铁传甲，也不知道他是何许人也，方才找他们演了那出戏，完全是为了要你看的。"

李寻欢苦笑道:"那倒的确是出好戏。"

瞎子道:"戏倒的确是出好戏,否则又怎能叫李探花上当?"

李寻欢道:"原来各位非但早就知道我是谁了,而且还早已见到了我。"

瞎子道:"阁下还未入城,已有人见到了阁下。"

李寻欢道:"各位怎会认得我的?"

瞎子道:"在下等虽不认得你,却有人认得你。"

李寻欢道:"各位既然不认得我,为何对我如此照顾?"

瞎子道:"为的就是铁传甲。"

他冷漠的脸上忽然露出一丝怨毒之意,接着道:"在下等对他都想念得很,只苦找不到他,但他若知道李探花也和在下等在一起,就会不远千里而来与我等相见了。"

李寻欢笑了笑,道:"他若不来呢?各位岂非白费了心机?"

瞎子冷冷道:"他的事你绝不会不管,你的事他也绝不会置之不理,两位的关系,在下等早已清楚得很,否则又怎会定下此计?"

李寻欢淡淡笑道:"阁下能想得出这样的妙计,倒也真不容易。"

瞎子沉默了半晌,缓缓道:"在下若有如此智谋,这双眼睛只怕也就不会瞎了。"

李寻欢道:"定计的人不是你?"

瞎子道:"不是。"

那乞丐笑道:"也不是我,我脑袋一向有毛病,一想到要害人,就会头疼。"

李寻欢默然半晌,道:"原来各位幕后还另有主谋之人……"

瞎子道:"你也用不着问他是谁,反正你总会见着他的。"

他手中竹杖一扬,已点了李寻欢左右双膝的"环跳"穴,冷冷接着道:"你见着他时,也许就会觉得活在世上根本就是多余的,不如还是早些死了的好。"

门虽小而墙高。

门内庭院深沉,悄无人声。

穿曲径走回廊,走了很久,才走到前厅。

只听屏风后一人朗声笑道:"各位已将我那兄弟请来了么?"

一听到这声音,李寻欢连指尖都已冰冷。

这赫然竟是龙啸云的声音。

主谋定计的人,竟是龙啸云。

瞎子在屏风前就已停住了脚,沉声道:"在下等幸不辱命,总算已将李探花请来了。"

话未说完,屋后已抢步走出了一个人来,鲜衣华服,满面红光,不是一别经年的龙啸云是谁?

他一冲出来,就紧紧握住了李寻欢的手,笑道:"一别又是两年,兄弟你可想煞大哥我了。"

李寻欢也笑了,道:"大哥若是想见我,只要吩咐一声,我立刻就到,又何必劳动这么多朋友的大驾呢?"

那乞丐忽然大笑了起来,拍手道:"说得好,说得好,连我的脸都被你说红了,听了这话能面不改色的人,我真是佩服得很。"

龙啸云却像是忽然变成了聋子,他们说的话,他竟似连一个字都没有听见,还是握着李寻欢的手,道:"我早已算准了兄弟你一定会来,早已准备好接风的酒,你我兄弟多年不见,这次可得痛痛快快地喝几杯。"

他一面抢着扶起了李寻欢,一面含笑揖客,道:"各位快请入座,请,请。"

瞎子的脚却像是已钉在地上了。

他不动,他的兄弟自然也不会动。

龙啸云笑道:"各位难道不肯赏光么?"

瞎子缓缓道:"在下等答应龙大爷做这件事,为的完全是铁传甲,如今在下等任务已了,等那铁传甲来时,只望龙大爷莫要忘记通知一声。"

他沉下了脸,冷冷接着道:"至于龙大爷的酒,在下等万万不敢叨扰,龙大爷这样的朋友,在下等也是万万高攀不上的。"

他竹杖点地,竟头也不回地走了出去。

大厅中果然已摆起了一桌酒。

菜是珍肴,酒是佳酿,龙四爷请客的豪爽,是江湖闻名的。

那乞丐也不客气,抢先往首席上一坐,喃喃道:"老实说,我本来也想走的,但放着这么好的酒菜,不吃岂非可惜。"

他忽然向李寻欢举了举杯,又道:"你也喝一杯吧,这种人的酒你不喝也是白不喝,喝了也是白喝。"

龙啸云摇着头笑道:"这位胡大侠,兄弟你只怕还不认得……"

李寻欢道:"胡大侠?台甫莫非是'不归'二字?"

那乞丐笑道:"一点也不错,胡不归就是我!你嘴里虽称我胡大侠,心里一定在想:哦,原来这人就是胡疯子,难怪做事说话都有些疯疯癫癫的……是不是?"

李寻欢笑了笑,道:"是。"

胡不归大笑道:"好,你这人有意思,看来只怕也是个疯子……你若不疯,也不会跟龙啸云这样的人交上朋友了,是不是?"

李寻欢微笑不语。

胡不归道:"但你千万莫要以为我也是他的朋友,我帮他这次忙,只因为我欠过他的情,这件事做完,我和他就再也没有半点关系。"

他忽然一拍桌子,又道:"只不过这件事做得实在有欠光明,实在丢人,实在差劲,实在不是东西,实在混账已极……"

说着说着,他竟给了自己十七八个耳刮子,又伏在桌上大哭起来。龙啸云似乎早已见怪不怪,居然充耳不闻,视若无睹。

李寻欢反倒觉得有些过意不去,笑道:"无论如何,胡兄最后那出手一击,我纵有防备,也是万万闪避不开的。"

胡不归突又一拍桌子,大怒道:"放屁放屁,简直是放屁,我若不用奸计,哪里能沾得着你,我害了你,你反来安慰我,你这是什么意思?"

李寻欢只有不说话了。

胡不归喃喃道:"我这人神魂不定,喜怒无常,黑白不分,颠三倒四,说哭就哭,说笑就笑,实在他妈的不是东西。"

他忽然瞪起眼睛,瞪着龙啸云道:"但你却比我更不是东西,你儿子比你还不是东西,他明明有两条腿,却要学狗在地上爬,难道想在桌子下面捡骨头吃么?"

龙啸云脸上也不禁红了红,低下头一看,龙小云果然已偷偷钻到桌下,手里还拿着把刀,已爬到李寻欢面前。

龙啸云一把将他揪了出来,沉着脸道:"你想干什么?"

龙小云居然神色自若,从容道:"大丈夫恩怨分明,这句话你老人家说对不对?"

龙啸云道:"自然是对的。"

龙小云道:"江湖英雄讲究的也是有仇必报,有恩必偿。他废去了孩儿一身武功,令孩儿终生残废,孩儿想要他两条腿,也是天经地义的。"

龙啸云脸色已有些发青,道:"你想复仇,是么?"

龙小云道:"不错。"

龙啸云厉声道:"但你可知道他是谁么?"

龙小云道:"我只知道他是我的仇人……"

这句话还未说完,龙啸云的手已掴在他脸上,怒道:"但你可知他是你父亲的八拜之交?他无论怎么教训你,都是应该的,你怎可对他有复仇之心?怎敢对他无礼?"

龙小云被打得呆了半晌,眼珠子一转,忽然向李寻欢跪了下去,道:"侄儿已知道错了,侄儿年纪还小,李大叔千万莫要和侄儿一般见识,就饶了侄儿这一次吧。"

李寻欢满腹辛酸,正不知该说什么,胡不归已跳了起来,大叫道:"这父子两人我实在受不了,我想吐,想吐……"

他嘴里大呼大叫,人已冲了出去。

第五十三章

骗局

龙啸云勉强一笑,道:"一个人的名字也许会起错,但外号却是绝不会起错的。有的人明明其笨如牛,也可以起个名字叫聪明,但一个人的外号若是疯子,他就一定是个疯子。"

李寻欢本来不想说话的,却忍不住道:"但一个人若是太聪明了,知道的事太多,也许慢慢就会变成个疯子。"

龙啸云道:"哦?"

李寻欢苦笑道:"因为到了那种时候,他就会觉得做了疯子就会变得快乐些,所以有些人最大的痛苦就是他明明想做疯子,却做不到。"

龙啸云又笑了,道:"幸好我一向不是个聪明人,也永远不会有这种烦恼。"

他当然不会有这种烦恼,他根本不会有任何一种烦恼。

因为他已将各种烦恼全都给别人了。

李寻欢沉默了很久,低着头,慢慢地喝了杯酒。

龙啸云只是静静地瞧着，等着。

因为他知道李寻欢酒喝得很慢的时候，心里一定有句很重要的话要说。

又过了很久，李寻欢才抬起头，道："大哥……"

龙啸云道："嗯。"

李寻欢果然道："我心里一直有句话要说，却不知该不该说出来。"

龙啸云道："你说。"

李寻欢道："无论如何，我们已是多年的朋友。"

龙啸云道："不是朋友，是兄弟。"

李寻欢道："我是个怎么样的人，大哥你也该早已明白。"

龙啸云道："是——"

虽然只说了一个字，却说得很慢、很慢，而且目中还似乎带着些惭愧。

他毕竟也是个人。

无论什么样的人，多少总有些人性。

李寻欢道："那么，大哥你无论要我做什么，都该当面对我说明才是，只要我能做到的，我一定会去想法子做到。"

龙啸云慢慢地举起酒杯，仿佛要用酒杯挡住自己的脸。

李寻欢为他做的，实在已太多了。

过了很久，他才长长叹了口气，缓缓道："我明白你的意思，可是……时间有时会改变许多事。"

李寻欢目中的痛苦之色更重，黯然道："我也知道大哥你对我有些误会……"

龙啸云道:"误会?"

李寻欢道:"是误会,完全是误会,但有些事,大哥你本不该误会我的。"

龙啸云目中突也露出了一丝痛苦之色,沉默了很久,才一字字缓缓道:"但也有件事我绝没有误会。"

李寻欢道:"哪件事?"

这句话问出来,他已后悔了。

因为他已知道龙啸云说的是哪件事。

他本就该知道的,可怕的是,龙小云这十来岁的孩子,居然也像是猜出了他父亲要说的是什么了,弯着腰,悄悄退了出去。

龙啸云又沉默了很久,道:"我知道你这些年来一直都很痛苦。"

李寻欢勉强笑了笑,道:"大多数人都有痛苦。"

龙啸云道:"但你的痛苦比别人都深得多,也重得多。"

李寻欢道:"哦?"

龙啸云道:"因为你将你最心爱的人,让给了别人做妻子。"

杯中的酒泼出,因为李寻欢的手在抖。

龙啸云道:"但你的痛苦还不够深,因为一个人若是肯牺牲自己,成全别人,他就会觉得自己很伟大,这种感觉就会将他的痛苦减轻。"

这话不但很尖锐,而且也不能说没道理。

只不过这种道理并不是"绝对"的。

龙啸云的手也在抖,道:"真正的痛苦是什么,也许你还不知道。"

李寻欢道:"也许……"

龙啸云道:"当一个男人知道他的妻子原来是别人让给他的,而且他的妻子一直还是在爱着那个人,这才是最大的痛苦!"

这的确是最大的痛苦。

不但是痛苦,而且还是种羞辱。

这种话本是男人死也不肯说出来的,因为这种事对他自己的伤害实在太大、太深、太重!

没有人能忍心对自己如此羞辱,如此伤害。

但龙啸云现在却将这种事说了出来,在李寻欢面前说了出来。

李寻欢的心在往下沉。

他从龙啸云的这句话中,发现了两件事。

第一,龙啸云的确也很痛苦,而且痛苦也很深,所以他才会变,变得这么厉害,若是换了别的男人,或许也会变成这样子的。

李寻欢忽然觉得他也是个很可怜的人。

可怜的人,做出来的事往往就会很可怕。

第二,龙啸云既已在他面前说出了这种话,只怕就绝不会再放过他。

生死之间,李寻欢看得本很淡。

但现在他能死么?

话说得并不多。

但每句话都说得很慢,而且每句话说出来之前,都考虑得很久,停顿得很久。

是阴天,天很低。

所以虽然还没到掌灯的时候,天色已不知不觉很暗了。

龙啸云的面色却比天色还暗。

他举起酒杯,又放下,举起,再放下……

他并不是不能喝酒,而是不愿喝,因为他觉得喝酒会使人变得冲动,最冷酷的人,若是冲动起来,也会变得有些感情了。

又过了很久,龙啸云才终于缓缓道:"今天我说的话,本是不该说的。"

李寻欢淡淡地笑了笑,道:"每个人偶尔都会说出一些他不该说的话,否则他就不是人了。"

龙啸云道:"今天我请你来,也不是为了要说这些话。"

李寻欢道:"我知道。"

龙啸云道:"你可知道我请你来是为了什么?"

李寻欢道:"我知道。"

龙啸云第一次露出了惊讶之色,动容道:"你知道?"

李寻欢又重复了一句,道:"我知道。"

他没有等龙啸云再问,接着又道:"你认为兴云庄园中真有藏宝?"

龙啸云这次考虑得更久，才回答了一个字。

"是。"

李寻欢道："你认为我知道藏宝在哪里?"

龙啸云道："你应该知道。"

李寻欢笑了笑，道："我这人一向有个毛病……"

龙啸云道："毛病?什么毛病?"

李寻欢道："我的毛病就是不该知道的事我全知道，该知道的我反而不知道。"

龙啸云的嘴闭上了。

李寻欢道："其实你也应该知道，这件事从头到尾就是个骗局……"

龙啸云突然打断了他的话，道："我相信你，因为我知道你绝不会说谎。"

他凝视着李寻欢，缓缓道："若说这世上还有一个我可以信任的人，那人就是你；若说这世上我还有一个朋友，那人也是你。我说的任何话也许都是假的，但这句话却绝不是骗你。"

李寻欢也在凝视着他，长长叹息着，道："我也相信你，因为……"

他没有说完这句话，又不停地咳嗽起来。

等他咳完了，龙啸云才替他接了下去，道："你相信我，因为你知道你已没有被我利用的价值，我已不必再骗你，是不是?"

李寻欢以沉默回答了这句话。

龙啸云站了起来，慢慢地踱了两个圈子。

屋子里很静，他的脚步声却愈来愈重，显见他的心也有些不安——也许只不过是故意让李寻欢觉得他的心很不安。

然后，他突然停下脚步，停在李寻欢面前，道："你一定认为我会杀你。"

李寻欢的神情很平静，平静得令人无法想象，淡淡道："无论你怎么样做，我都不怪你。"

龙啸云道："但我绝不会杀你。"

李寻欢道："我知道。"

龙啸云道："不错，你当然知道，你一向很了解我。"

他突又变得有些激动，接着道："因为我纵然杀了你，也挽不回她的心，只有令她更恨我。"

李寻欢长长叹了口气，道："人生中本有些事是谁也无可奈何的。"

"无可奈何。"这四字看来虽平淡，其实却是人生中最大的悲哀，最大的痛苦。

遇着了这种事，你根本无法挣扎，无法奋斗，无法反抗，就算你将自己的肉体割裂，将自己的心也割成碎片，还是无可奈何。

就算你宁可身化成灰，永堕鬼狱，还是挽不回你所失去的——也许你根本就永远未曾得到。

龙啸云的拳紧握，声音也嘶哑，道："我虽不杀你，也不能放你。"

李寻欢慢慢地点了点头。

"因为我还有被你利用的价值。"

但这句话他并没有说出来。

无论龙啸云如何伤害他,出卖他,但直到现在,他还没有说过一句伤害到龙啸云的话。

龙啸云的拳反而握得更紧,因为只有在李寻欢面前,他才会觉得自己的渺小,自己的卑贱。

所以李寻欢那种伟大的友情非但没有感动他,反而会使他更愤怒。

他紧握着拳,瞪着李寻欢,缓缓道:"我要带你去见一个人,这人早就想见你了,你……你或许也很想见他。"

屋子很大。

这么大的屋子,只有一个窗户,很小的窗户,离地很高。

窗户是关着的,看不到窗外的景色。

门也很小,肩稍宽的人,就只能侧着身子出入。

门也是关着的。

墙上漆着白色的漆,漆得很厚,仿佛不愿人看出这墙是石壁,是土,还是铜铁所筑。

角落里有两张床。

木床。

床上的被褥很干净,却很简朴。

除此之外,屋里就只有一张很大的桌子。

桌上堆满了各式各样的账册、卷宗。

一个人正站在桌子前翻阅着，不时用朱笔在卷宗上勾画、批改，嘴里偶尔会露出一丝得意的笑容。

他是站着的。

因为屋里没有椅子，连一张椅子都没有。

他认为一个人只要坐下来，就会令自己的精神松弛，一个人的精神若松弛，就容易造成错误。

一点微小的错误，就可能令数件事失败——这正如堤防上只要有一个很小的裂口，就可能崩溃。

他的精神永不松弛。

他永无错误。

他从未失败。

还有个人站在他身后。

这人的身子站得更直、更挺，就像是枪杆。

他就这样站着，也不知站了多久，连一根手指都没有动过。

也不知从哪里飞来一只蚊子，在他眼前飞来飞去，打着转。

他眼睛连瞬都未瞬。

蚊子停留在他鼻尖上，开始吸血。

他还是不动。

他整个人似已完全麻木，既不知痛痒，也不知哀乐。

他甚至不知道自己是为什么活着的。

第五十四章

交换

这两人自然就是荆无命和上官金虹。

像他们这样的人,世上也许还找不出第三个。

江湖中声名最响,势力最大,财力也最雄厚的"金钱帮"帮主,住所竟如此粗陋,生活竟如此简朴。

这简直是谁也无法想象的事。

因为金钱在他眼中只不过是种工具,女人也是工具。

世上所有的享受在他眼中都是种工具,他完全不屑一顾。

他唯一的爱好就是权力。

权力,除了权力外,再也没有别的。

他为权力而生,甚至也可以为权力而死。

静。

除了翻动书册时发出的沙沙声之外,就没有别的声音。

灯已燃起。

他们在这里,已不知工作了多久,站了多久,只知道窗外的天色已由暗而明，又由明而暗。

他们似乎永远不知道疲倦，也觉不出饥饿。

这时门外突然有了敲门声。

只有一声，很轻。

上官金虹手没有停，也没有抬头。

荆无命道："谁？"

门外应声道："一七九。"

荆无命道："什么事？"

门外人道："有人求见帮主。"

荆无命道："是什么人？"

门外人道："他不肯说出姓名。"

荆无命道："为什么事求见？"

门外人道："他也要等见到帮主之面时才肯说出来。"

荆无命不说话了。

上官金虹忽然道："人在哪里？"

门外人道："就在前院。"

上官金虹手未停，头未抬，道："杀了他！"

门外人道："是。"

上官金虹突又问道："人是谁带来的？"

门外人道："第八舵主向松。"

上官金虹道："连向松一起杀！"

门外人道："是。"

荆无命道："我去！"

这两字说出，他的人已在门口，拉开门，一闪而没。

要杀人,荆无命从不落后,何况,向松号称"风雨流星",一双流星锤在"兵器谱"中排名十九,要杀他并不容易。

来找上官金虹的是谁?

找他有什么事?

上官金虹竟完全不在意,这人竟连一丝好奇心都没有。

这人实已没有人性。

他的头还是未抬,手还是未停。

门开,荆无命一闪而入。

上官金虹并没有问"死了么?"

因为他知道荆无命杀人从不失手。

他只是说:"去!向松若未还手,送他家属黄金万两;向松若还手,灭他满门。"

荆无命道:"我没有杀他。"

上官金虹这才霍然抬头,目光刀一般瞪着他。

荆无命面上毫无表情,道:"因为他带来的人,我不能杀。"

上官金虹厉声道:"世人皆可杀,他为何不能杀?"

荆无命道:"我不杀孩子。"

上官金虹似也怔住,慢慢地放下笔,道:"你说要见我的人只是个孩子?"

荆无命道:"是。"

上官金虹道:"是个怎么样的孩子?"

荆无命道:"是个残废的孩子。"

上官金虹目中射出了光,沉吟着,终于道:"带他进来!"

居然会有孩子来求见上官金虹,这种事简直连上官金虹自己都无法相信——这孩子若非太大胆,就是太疯狂。

但来的确是个孩子。

他脸色苍白,几乎完全没有血色。

他目中也没有孩子们的明亮光彩,目光呆滞而深沉。

他行走得很慢,背也是佝偻着的。

这孩子看来就像是个老人。

这孩子竟是龙小云。

无论谁见到龙小云这样的孩子都忍不住要多瞧几眼的。

上官金虹也不例外。

他的目光就像是刀锋般射在龙小云脸上。

无论谁见到上官金虹这种锋利逼人的目光,纵不发抖,也会吓得两腿发软,说不出话来。

龙小云却是例外。

他慢慢地走进来,躬身一礼,道:"晚辈龙小云,参见帮主。"

上官金虹目光闪动,道:"龙小云? 龙啸云是你的什么人?"

龙小云道:"家父。"

上官金虹道:"是你父亲叫你来的?"

龙小云道："是。"

上官金虹道："他自己为何不来？"

龙小云道："家父若来求见，非但未能见帮主之面，而且还可能有杀身之祸。"

上官金虹厉声道："你认为我不会杀你？"

龙小云道："三尺童子，性命早已悬于帮主指掌之间，帮主非不能杀，乃不屑杀。"

上官金虹面色居然缓和了下来，道："你年纪虽小，身体虽弱，胆子倒不小。"

龙小云道："一个人若有所求，无论谁的胆子都会大的。"

上官金虹道："说得好。"

他忽然回头向荆无命笑了笑，道："你只听他说话，能听得出他是个孩子么？"

荆无命面上全无表情，冷冷道："我没有听。"

上官金虹凝视着他，面上那一丝难见的笑容突然冻结。

龙小云虽然垂着头，却一直在留意着他们的表情，对这两人之间的关系似乎很感兴趣。

上官金虹终于开了口，缓缓道："不说话，是你最大的长处，不听人说话，却可能是你的致命伤。"

荆无命这次索性连话都不说了。

又沉默了很久，上官金虹才回过头，道："你们求的是什么事？"

龙小云道："每件事都有很多种说法，晚辈本也可将此事说得委婉些，但帮主日理万机，晚辈不敢多扰，只能选择最直接的说法。"

上官金虹道："很好，对付说话啰唆的人，我只有一种法子，那就是将他的舌头割下来。"

龙小云道："晚辈此来，只是要和帮主谈一笔交易。"

上官金虹道："交易？"

他脸色更冷，缓缓道："以前也有人和我谈过交易，你可愿知道我对付他们的法子？"

龙小云道："晚辈在听着。"

上官金虹道："我对付他们，也只有一种法子，乱刀分尸！"

龙小云神色不变，淡淡道："但这交易却和别人不同，否则晚辈也不敢来了。"

上官金虹道："交易就是交易，有何不同？"

龙小云道："这交易对帮主有百利而无一害。"

上官金虹道："哦？"

龙小云道："帮主威震天下，富可敌国，世上所有的东西，帮主俱可予取予求。"

上官金虹道："确是如此，所以我根本不必和人谈交易。"

龙小云道："但世上还是有样东西，帮主未必能得到。"

上官金虹道："哦？"

龙小云道："这样东西本身价值也许并不高，但在帮主说来，就不同了。"

上官金虹道："为什么？"

龙小云道："因为世上只有得不到的东西，才最珍贵。"

上官金虹道："你说那是什么？"

龙小云道："李寻欢的命。"

上官金虹冷漠的目光突然变得炽热，厉声道："你说什么？"

龙小云道："李寻欢的命已在我们掌握之中，只要帮主愿意，晚辈随时可将他奉上。"

上官金虹又沉默了下来。

过了很久很久，等到他炽热的目光又冷漠，他才淡淡道："李寻欢何足道哉？我根本就从未将他放在眼里。"

龙小云道："既是如此，晚辈告退。"

他再也不说第二句话，长长一揖，转过身走了出去。

他走得很慢，却绝未回头。

上官金虹也没有再瞧他一眼。

龙小云慢慢地走到门口，拉开了门。

上官金虹突然道："慢着。"

龙小云目中露出一丝得意之色，但等他回过头时，目光已又变得恭谨而呆滞，躬身道："帮主还有何吩咐？"

上官金虹并没有看他，只是凝视着案前的烛火，缓缓道："你想以李寻欢的命来换什么？"

龙小云道："家父久慕帮主声名，只恨无缘识荆。"

上官金虹冷冷道："这是废话，我只想听你要求的是什么？"

龙小云道："家父但求能在天下英雄面前，与帮主结为八拜之交。"

上官金虹目中突又射出怒火，但瞬即平息，淡淡道："看来龙啸云倒也不愧是个聪明人，只可惜这件事却做得太笨了。"

龙小云道："这种做法的确很笨，但最笨的法子，往往最有效。"

上官金虹道："你有把握这交易能谈成？"

龙小云道："若无把握，晚辈何必冒死而来？"

上官金虹道："龙啸云只有你这一个独子，是么？"

龙小云道："是。"

上官金虹道："既是如此，他就不该要你来的。"

龙小云道："这只因若是换了别人前来，根本无法见到帮主之面。"

上官金虹道："你们本是交易的买主，但你一来，情况就变了。"

龙小云道："帮主认为可以用我来要挟家父，逼他交出李寻欢来？"

上官金虹道："正是如此。"

龙小云忽然笑了笑，道："帮主素有知人之明，但对家父，却看错了。"

上官金虹冷笑道："难道他宁可让我杀了你，也不肯交出李寻欢？"

龙小云道："正是。"

上官金虹道："难道他不是人？"

龙小云道："是人，但人却有很多种。"

上官金虹道："他是哪一种？"

龙小云道："家父和帮主正是同样的一种人，为了达到目的，不择一切手段，也不惜牺牲一切。"

上官金虹的嘴闭上了，闭成一条线。

过了很久，他才缓缓道："近二十年来，已没有人敢在我面前说这种话了。"

龙小云道："就因为帮主是这种人，是以晚辈才敢说这种话，也只有这种话，才能打动帮主这种人。"

上官金虹盯着他，道："我若不答应，你们难道就要放了李寻欢？"

龙小云道："是。"

上官金虹冷笑道："你不怕他杀了你们复仇？"

龙小云道："他是另一种人，绝不会做这种事的。"

他笑了笑，接着道："他若会做这种事，遭遇也不会有今日之悲惨。"

上官金虹厉声道："你们纵然放了他，又怎知我不能亲手杀他？"

龙小云淡淡道："小李飞刀，例不虚发。"

上官金虹道："你认为连我也躲不过他的那一刀？"

龙小云道："至少帮主并没有十分的把握，是么？"

上官金虹道："哼。"

龙小云道："千金之子，坐不垂堂。以帮主现在的身份地位，又何必冒这个险？"

上官金虹的嘴又闭上。

龙小云道:"何况,家父武功虽不甚高,但声望地位,心计机智,都不在别人之下,帮主与他结为兄弟,也是有利而无害的。"

上官金虹又沉默半晌,忽然问道:"李寻欢也是他的兄弟,是么?"

龙小云道:"是。"

上官金虹冷笑道:"他既能出卖了李寻欢,又怎知不会出卖我?"

龙小云笑了笑,道:"因为帮主不是李寻欢。"

这种话说得很简单,也很尖锐。

上官金虹突然纵声而笑,道:"不错,龙啸云就算有胆子敢出卖我,也没有那么大的本事。"

龙小云道:"帮主答应了?"

上官金虹骤然顿住笑声,道:"我怎知李寻欢已在你们掌握之中?"

龙小云道:"只要帮主发出请帖,邀请天下英雄来参与家父与帮主结拜之盛典……"

上官金虹道:"你认为他们敢来?"

龙小云微笑道:"来不来都不重要,只要大家都知道这件事就行了。"

上官金虹冷笑道:"你考虑得倒很周到。"

龙小云道:"这件事帮主也许还要考虑,晚辈就落脚在城中的如云客栈,等候帮主的消息。"

他慢慢地接着又道:"只要帮主请帖发出,有人收到,晚辈随时都可将李寻欢带到帮主这里来。"

上官金虹道:"带到这里来……哼,你父子只怕还没有这么大的本事。"

龙小云道:"这点晚辈自然也知道,连少林心眉大师和田七爷都做不到的事,晚辈自然更做不到了,只不过……"

上官金虹道:"不过怎样?"

龙小云道:"一路上若有荆先生护送,就可万无一失了。"

上官金虹沉吟着,还未说话。

荆无命突然道:"我去。"

龙小云面上初次露出喜色,一揖到地,道:"多谢。"

上官金虹又默然良久,忽然问道:"你武功已被废,永难复愈,下手的人是李寻欢?"

龙小云苍白的面色一下子又变为铁青,垂下头,道:"是。"

上官金虹盯着他的脸,一字字问道:"你恨他?"

龙小云的拳已握,沉默了很久,终于又回答了一个字:"是。"

上官金虹道:"其实你非但不该恨他,还该感激他才是。"

龙小云愕然抬头,道:"感激?"

上官金虹冷冷道:"若非他已废去你的武功,今日你已死在这里。"

龙小云的头又垂下。

上官金虹道:"你小小年纪,已如此阴沉狠毒,不出二十年,就可与我争一日之雄长,若非你已残废,我怎么能放过你?"

龙小云紧咬着牙,牙根已出血。

但他的头始终未曾抬起。

第五十五章

荡妇

黑暗。

黑暗中有人在呻吟，喘息……

然后一切声息都沉寂。

过了很久很久，有女人的声音轻轻道："有时我总忍不住想要问你一句话。"

这女人声音甜笑而娇弱，男人若想抵抗这种声音的诱惑魅力，只有变成聋子。

一个男人的声音道："你为什么不问？"

这男人的声音很奇特：你在很近的地方听他说话，声音却像是来自很遥远之处；你在很远的地方听，声音却仿佛近在耳畔。

女人道："你究竟真的是个人，还是铁打的？"

男人道："你感觉不出？"

女人的声音更甜腻，道："你若真是个人，为什么永远不会累？"

男人道："你受不了？"

女人吃吃地笑着，道："你认为我会求饶？你为何不再试试？"

男人道："现在不行！"

女人道："为什么？"

男人道："因为现在我要你去做一件事。"

女人道："无论你要我做什么，我都答应。"

男人道："好，你现在就去杀了阿飞。"

女人似乎怔住，过了半晌，才叹了口气，道："我早就对你说过，现在还没有到杀他的时候。"

男人道："现在已到了。"

女人似又愣了愣，道："为什么？难道李寻欢已死了？"

男人道："虽还未死，已离死不远。"

女人道："他……他现在哪里？"

男人道："已在我掌握之中。"

女人笑了，道："这几天，我几乎天天晚上跟你在一起，你用什么法子将他抓来的？难道你会分身术？"

男人道："我要的东西，用不着我自己动手，自然会有人送来。"

女人道："谁送来的？谁有那么大的本事能抓住李寻欢？"

男人道："龙啸云。"

女人似又吃了一惊，然后又笑了，道："不错，当然是龙啸云，只有李寻欢的好朋友，才能害得了李寻欢，若想打倒他，无论用什么样的兵器都很困难，只能用情感。"

男人冷冷道:"你倒很了解他。"

女人笑道:"我对敌人一向比朋友了解得清楚,譬如说……我就不了解你。"

她立刻改变了话题,接着道:"我也很明白龙啸云的为人,他绝不会平白无故将李寻欢送来给你。"

男人道:"哦?"

女人道:"他不愿自己杀死李寻欢,所以才借刀杀人。"

男人道:"你认为他只有这目的?"

女人道:"他还想怎样?"

男人道:"他还要我做他的结拜兄弟。"

女人叹了口气,道:"这人倒真会占便宜,可是你……你难道答应了他?"

男人道:"嗯。"

女人道:"你难道看不出他是想利用你?"

男人道:"哼。"

他突又冷笑了一声,道:"只不过他想得未免太天真了些。"

女人道:"天真?"

男人道:"他以为做了我的结义兄弟,我就不会动他了,其实,莫说结义兄弟,就算亲兄弟又如何?"

女人娇笑道:"不错,他可以出卖李寻欢,你自然也可以出卖他。"

男人道:"龙啸云在我眼中虽一文不值,但他的儿子,却真是个厉害角色。"

女人道:"你见过那小鬼?"

男人道:"这次龙啸云并没有来,是他儿子来的。"

女人又轻轻叹了口气,道:"不错,那孩子的确是人小鬼大。"

男人沉默了半晌,忽然道:"好,你走吧。"

女人道:"你不想我多留一会儿?"

男人道:"不想。"

女人幽幽道:"别的男人跟我在一起,总舍不得离开我,多陪我一刻也是好的,只有你,每次只要一做完事,你就赶我走。"

男人冷冷道:"因为我既不是别的男人,也不是你的朋友,我们只不过是在互相利用而已,既然我们心里都很明白,又何必还虚情假意,肉麻当有趣?"

屋子里很暗,屋子外面却有光。

淡淡的星光。

星光下木立着一个人,守候在屋子外,一双死灰色的眼睛茫然地注视着远方,整个人看来就像是用一块灰石刻出来的。

但现在,这双死灰色的眼睛中却带着种无法形容的痛苦之色。

他简直无法再站在这里。

他无法忍受屋子里发出的那些声音。

但他必须忍受。

他这一生,只忠于一个人——上官金虹。

他的生命,甚至连他的灵魂都是属于上官金虹的。

门开了。

一条窈窕的人影悄悄来到他身后。

星光映上她的脸,清新、美丽、纯真,无论谁看到她,都绝对想不到她方才做过了什么事。

仙子的外貌,魔鬼的灵魂——除了林仙儿还有谁?

荆无命没有回头。

林仙儿绕到他面前,脉脉地凝视着他。

她的眼波温柔如星光。

荆无命仍然凝视着远方,似乎眼前根本没有她这个人存在。

林仙儿的纤手,搭上了他的肩,慢慢地滑上去,轻抚着他的耳背——她知道男人身上所有敏感的部位。

荆无命没有动,似已麻木。

林仙儿笑了,柔声道:"谢谢你,在外面为我们守护,只要知道有你在外面,我就会有种安全感,无论做什么事都愉快得很。"

她忽又附在他耳边,悄悄道:"我还要告诉你个秘密,他年纪虽然大,却还是很强壮,这也许是因为他的经验比别人丰富。"

她银铃般娇笑着,走了。

荆无命还是没有动,但身上的每一根肌肉都已在颤抖。

如云客栈是城里最大、最昂贵的客栈,也是最花钱的客栈。

你若住在这客栈里,只要你有足够的钱,根本用不着走出客栈的门,就可以获得一切最好的享受。

在这里,只要你开口,就有人会将城里最好的菜、最出名的歌妓、最美的女人送到你屋里来。

在这里,白天每间屋子里的门都是关着的,几乎听不到任何声音。

但一到了晚上,每扇门都开了。

最先你听到的是漱洗声,吆喝伙计声,送酒菜来时的谢赏声,女人们娇笑着唤"张大爷、王三爷"的请安声。

然后,就是猜拳行令声,碰杯声,少女们吃吃的笑声和歌声,男人们的吹牛声,掷骰子声⋯⋯

在这里,一到了晚上,你几乎就可以听到世上所有不规矩的声音。

只有一间屋子,却从没有声音。

有的只是偶尔传出的一两声短促的女人呻吟、哀唤声。

这屋子的门也始终是关着的。

每天黄昏时,都会有人将一个小姑娘送进去,这些小姑娘当然都很美,而且很年轻,很娇小。

她们进去的时候,当然都打扮得漂漂亮亮,干干净净,而且脸上当然都带着笑,纵然是被训练出来的职业性笑容,但呈现在少女们的脸上,看来就非但不会令人讨厌,而且还相当动人。

但等到第二天早上她们走出这屋子的门时,情况就不同了。

本来整整齐齐的头发,到这时已蓬乱,甚至还被扯落了些,本来很明亮的一双眼睛,已变得毫无神采,连眼眶都陷了下去。

本来充满了青春光彩的脸,也已憔悴,而且还带着泪痕。

七天,七天来都如此。

开始时,还没有人注意,但后来大家都觉得有些奇怪了。

出来寻欢作乐的人,对这种事总是特别留意的。

大家都在猜测:"这屋子里究竟是什么人?如此厉害?"

大家都在想:"这一定是个彪形大汉,强壮如牛。"

于是大家开始打听。

打听出来的结果,使每个人都大吃一惊。

"原来这屋子里的人,只不过是个发育不全的小孩子!"

于是大家更好奇,有的人就将曾经到过那屋子的小姑娘招来问。

只要一问到这件事,小姑娘们就会发抖,眼泪就开始往下流,无论如何也不肯再提起一个字。

被问得急了,她们只有一句话:"他不是人……他不是人……"

又是黄昏。

这屋子的门仍是关着的。

对着门有扇窗子,一个脸色发白的孩子坐在窗子前,目光茫然望着窗外的一株梧桐,已有很久很久没有移动。

他的目光虽呆滞,但却不时会闪动出一丝狡黠而狠毒的光。

龙小云。

桌子上的酒菜,却几乎没有动过。

他吃得很少,他在等,等更大的享受,对于"吃"他一向不感兴趣,他认为一个人吃得若太多,脑袋就会被塞住。

终于有了敲门声。

龙小云并没有回头,只是冷冷道:"门是开着的,你自己进来。"

门开了,脚步声很轻,很慢。

来的显然又是个很娇小的女孩子,而且还带着七分畏怯。

这正是龙小云所喜欢的那种女孩子。

因为他很弱,所以他喜欢做"强者",也只有在这种女孩子面前,他才会觉得自己是个强者。

脚步声在桌子旁停下来。

龙小云道:"带你来的人,已跟你说过价钱了么?"

那女孩子道:"嗯。"

龙小云道:"这价钱比通常高两倍,是不是?"

那女孩子道:"嗯。"

龙小云道:"所以你就该听我的话,绝对不能反抗,你懂不懂？"

那女孩子道："嗯。"

龙小云道："好，你先把衣服脱下来，全脱下来。"

那女孩子沉默了很久，忽然道："我脱衣服的时候，你不看？"

声音美得出奇，甜得出奇。

龙小云仿佛愣了愣。

那女孩子柔声笑着，道："看女孩子脱衣服，也是种享受，你为什么放弃？"

龙小云似已觉得有什么不对了，骤然回头。

然后他整个人都怔住。

来的这"女孩子"，竟是林仙儿！

林仙儿脸上仍带着仙子般的笑容。

龙小云的脸却已僵木。

但那也只不过是短短一刹那间的事，他瞬即笑了，站起来，笑道："原来是林阿姨在开小侄的玩笑。"

林仙儿笑得更妩媚，道："到现在你还要叫我阿姨？"

龙小云赔笑，道："阿姨总是阿姨。"

林仙儿眼波流动，瞟着他道："但现在你已是大人了，是吗？"

她轻轻叹了口气，悠悠接着道："才两三年不见，想不到你长得这么快。"

龙小云很巧妙地避开了这句话，道："这两三年来，我们始终打听不出阿姨你的消息，一直都想念得很。"

林仙儿嫣然道:"但我却听说过你许多事,听说……你对女孩子,比大多数年纪比你大的男人都强得多。"

龙小云垂下头,却忍不住笑了,道:"但阿姨面前,我还是个孩子。"

林仙儿瞪起了眼,娇嗔道:"你还叫我阿姨,难道我真的那么老了?"

龙小云忍不住抬起头。

林仙儿就站在他面前,随随便便地站着,但那种风情,那种神采,那种说不出的诱惑,一千万个女人中也找不出一个。

龙小云呆滞的眼睛发了光。

林仙儿咬着嘴唇,道:"听说你喜欢的都是小姑娘,而我……我却是个老太婆了。"

龙小云只觉自己的心在跳,忍不住道:"你一点也不老。"

林仙儿道:"真的?"

龙小云垂下头,道:"若有人说你老了,那人不是呆子,就是瞎子。"

林仙儿媚笑道:"你瞎不瞎?呆不呆?"

龙小云当然不瞎,更不呆。

林仙儿离开他的时候,竟也似觉得很痛苦。

这"孩子"既不是孩子,也不是瞎子,更不是呆子,只不过是个疯子。

可怕的疯子。

连林仙儿都没有遇到过这样的疯子。

但她目中,却闪动着一种得意愉快的光芒。

她毕竟还是得到了她所想得到的消息。

对男人,她从没有失败,无论那男人是呆子,是君子,还是疯子。

天虽已亮了,对面的屋子里却还有人在喝酒。

一个人正在大声笑着,道:"喝酒要就不喝,要喝就喝到天亮、喝到躺下去为止……"

这句话他并没有说完,好像已经躺了下去。

听到这句话,林仙儿忽然想起了一个人。

她仿佛又听到那人的咳嗽声。

想起了这个人,她就恨。

因为她知道她纵然可以征服世上所有的男人,却永远也得不到他。

因为她得不到他,所以一心只想毁了他。

她得不到的,也不愿别人得到。

她咬着牙,在心里说:

"我虽然想你死,但现在却不能让你死,尤其不能让你死在上官金虹手上,否则这世上,就再也没有什么能令他顾虑的了。

"但总有一天,我要叫你死在我手上,慢慢地死……慢慢地……"

第五十六章

出鞘剑

剑。

一柄很薄的剑,很轻,连剑柄都是用最轻的软木夹上去。

没有剑锷护手。

因为他的剑刺出,没有人能削到他的手。

无论任何兵器,都可将这柄剑击断。

但他的剑刺出,没有人能挡得住。

这是柄很奇特的剑,世上只有一个人能用这种剑,敢用这种剑。

剑,就放在床边的矮桌上,和一套很干净的青布衣服放在一起。

阿飞醒来时,第一眼就看到了这柄剑。

他的眼睛立刻发了光。

看到了这柄剑,就好像看到了他久别重逢的爱侣,多年未见的好友一样,他心里仿佛骤然觉得有一阵热血上涌。

慢慢地伸出手,取剑。

他的手甚至已有些颤抖。

但等到他手指接触到那薄而锋利的剑锋时，就立刻稳定下来。

他轻抚着剑锋，目光似乎变得很遥远……很遥远……

他的心似已到了远方。

他想起第一次使用剑的时候，想起鲜血随着他剑锋滴落的情况，想起那许许多多死在他剑下的人——可恶的人。

他的血已沸腾。

那段时候虽然充满了不幸和灾难，但却是多彩的、辉煌的。

"快意恩仇"，这四字是何等豪壮。

但那毕竟都已过去，过去了很久。

他已答应过他最心爱的人，永远将以前的事忘记。

现在的生活虽平淡，甚至有些寂寞，但那又有什么不好，能平静安详地过一生，岂非正是世上大多数人的希望？

没有脚步声，林仙儿已出现在门口。

她看来虽有些疲倦，有些憔悴，但笑容仍如春花般鲜美清新。

无论牺牲了什么，只要每天能看到这春花般的笑容，就可以补偿一切。

阿飞立刻放下了剑，笑道："今天你可比我起得早，我好像愈来愈懒了。"

林仙儿没有回答这句话，却反问道："你喜不喜欢这柄剑？"

阿飞也没有回答这句话,因为他不能说实话,又从不说谎。

林仙儿道:"你可知道这柄剑是哪里来的?"

阿飞道:"不知道。"

林仙儿慢慢地走过去,坐在他身旁道:"这是我昨天晚上特地替你去找人铸的。"

阿飞显得很吃惊,道:"你?"

林仙儿取起剑,柔声道:"你看,这柄剑是不是和你以前使用的一样?"

阿飞沉默。

林仙儿道:"你不喜欢?"

阿飞又沉默了很久,才问道:"你为什么要替我做这柄剑?"

林仙儿道:"因为我要你用它!"

阿飞的身子似乎有些僵木,道:"你……你要我去杀人?"

林仙儿道:"不是杀人,是救人!"

阿飞道:"救人?救谁?"

林仙儿道:"你生平最好的朋友……"

这句话还未说完,阿飞已跳了起来,失声道:"李寻欢?"

林仙儿默默地点了点头。

阿飞苍白的脸已发红,道:"他在哪里,又出了什么事?"

林仙儿拉着他的手,柔声道:"你先坐下来,慢慢地听我说，这种事着急也没有用。"

阿飞长长吸了口气，终于坐下。

林仙儿道："这世上除了你之外，还有四个最厉害的高手，你知道是谁？"

阿飞道："你说。"

林仙儿道："第一个自然是天机老人，第二个上官金虹，当然李寻欢李大哥也不会比他们差。"

阿飞道："还有一个呢？"

林仙儿叹了口气道："这人叫荆无命，年纪最轻，也最可怕。"

阿飞道："最可怕？"

林仙儿道："因为他根本不是人，没有人性，他一生最大的目的是杀人，最大的享受也是杀人，除了杀人外，他什么都不懂，也不想去懂。"

阿飞的眼睛里闪着光，道："他用的兵器是什么？"

林仙儿放下那柄剑道："是剑。"

阿飞的手不由自主地握起了剑，握得很紧。

林仙儿道："据说，他的剑法和你同样辛辣，也同样快。"

阿飞道："我不懂剑法，我只懂如何用剑刺入仇人的咽喉。"

林仙儿道："这就是剑法，无论什么样的剑法，最后的目的都是这样的。"

阿飞道："你的意思是说……李寻欢已落到这人手上？"

林仙儿叹息着道:"不但他,还有上官金虹……但上官金虹也许不会在那里,你只要对付他一个人。"

她不让阿飞说话,很快接着又道:"没有见过这人的,永远不知道这人有多可怕。你的剑也许比他快,可是,你是人……"

阿飞咬着牙,道:"我只想知道这人现在在哪里?"

林仙儿轻抚着他的手,道:"我本不愿你再使剑,再杀人,更不愿你去冒险,可是为了李大哥……我……我不能不让你去,我不能那么自私。"

阿飞瞧着她,目中充满了感激。

林仙儿目中已有眼泪流下,垂着头,道:"我可以答应你,告诉你如何去找他,可是你……你也得答应我一件事。"

阿飞道:"你说。"

林仙儿将他的手握得很紧,带泪的眼泪凝视着他,一字字道:"你一定要答应我,你一定要回来,我永远在等着你……"

车厢很大。

龙小云坐在角落里,瞧着面前的一个人。

这人是站着的。

乘车时,他竟也不肯坐下。

无论马车颠簸得多剧烈,这人始终笔直地站着,像一杆枪。

龙小云从未见过这种人,甚至无法想象世上会有这种人。

他本觉得世上大多数人都是呆子，都可被他玩弄于股掌之上。

但也不知为了什么，在这人面前，他心里竟带着几分畏惧。

只要有这人在，他就会觉得有一股不可形容的杀气。

但他却又很得意。

他所要求的，上官金虹都已答应。

英雄帖已发出，已有很多人接到，结义的盛典，定在下月初一。

现在，有荆无命和他同去，李寻欢必死无疑。

他想不出世上还有什么人能救得了李寻欢。

他吐了口气，闭起眼睛，眼前立刻泛起了一张甜而美的笑脸，正躺在他怀里，对他低低蜜语："你真的已不再是个孩子了，你懂得的事比任何人都多，我真想不出，这些事你是从哪里学来的？"

想到这里，龙小云面上不禁露出了微笑。

"有些事是根本不必学的，到了时候，自然就会知道。"

他觉得自己的确已是个大人了。

这种感觉已足以令大多数还未真的长大的少年陶醉。

孩子拼命想装成大人的模样，老人拼命想让别人觉得他孩子气——这也是人类许多种无可奈何的悲哀之一。

若是换了别人，想到这里既已陶醉，就不会再想下去。

但龙小云想得却更深一层："她为什么要这样对

我？"

"是不是为了要打听李寻欢的下落？"

想到这里，他就清醒了很多："她为什么要打听李寻欢的下落？"

"难道她想救李寻欢？"

这当然绝无可能，龙小云也知道林仙儿对李寻欢的痛恨，也知道她曾经设计要上官金虹和荆无命杀死李寻欢。

"那么，她是为了什么？"

他无法再想下去，因为他想不通。

他不知道现在情况已变了，那时林仙儿虽然想借上官金虹之手杀死李寻欢，但现在情况却变得更微妙。

她若想和上官金虹保持均衡的局势，就不能让李寻欢和阿飞两个人死。

否则上官金虹就会踩在她头上，因为上官金虹自己已露出了口风，他的意思她已经非常了解："我就是我，既不是荆无命，也不是阿飞，我们只不过是在互相利用而已，等到这利用的价值消失，就可以再见。"

江湖风云的变化，正和女人的心一样，绝不是任何人所能猜透的。

车马在城市中心最繁华热闹的地区中停下，停在一家气派很大的绸缎庄门口。

李寻欢就被藏在这里么？

龙啸云父子果然不愧为厉害人物，很了解"小隐隐于山，大隐隐于市"这句话，知道最热闹的地方，愈容易避人耳目。

龙小云站起来，赔笑道："请。"

荆无命道："你先走。"

到现在为止，他只跟龙小云说了这一句话。

他不愿走在别人前面，不愿有任何人跟在他的身后。

他们在掌柜的和店伙们的奉迎礼笑中穿过店铺。

后面就是堆存绸缎的仓库。

李寻欢被藏在绸缎仓库里么？这倒真是个好地方。

但龙小云还是没有停留，又走了过去。

再后面就是后门。

后门外也停着同样一辆马车。

龙小云这次并没有再说什么，向荆无命躬身一礼，就上了车。

原来李寻欢并没有被藏在这里。

龙小云这样做，只不过是躲避追踪的烟幕。

这父子两人想得比任何人都更深一层。

马车自后街转出，颠向郊外。

然后就停在郊外的一家米仓前，但这米仓也不是囚禁李寻欢的地方。

他们在这米仓后门，又换了次车。

这次换的是辆运米进城的牛车。米包堆中，只有两人容身之地。

龙小云赔笑道："委屈了。"

荆无命连一个字都没有说。

牛车又驰回市区。

他们不但计划周密，行动迅速，路线的转变，更出人意料。

就算是以追查贼踪名震黑道的九城名捕、人称"九鼻狮子狗"的万无失，追到这里，也万万追不下去了。

龙小云也知道荆无命绝不会夸赞他的，只不过希望他面上能多少露出一丝赞美的神色。

做了得意事的人得不到别人夸赞，就好像穿了最得意的衣服的女人去会见情人时，她的情人连瞧都没有瞧她衣服一眼。

尤其龙小云毕竟还没有完全长大。

在男人们眼中，孩子和女人的心理往往差不多。

荆无命脸上偏偏连一点表情也没有。

牛车转入一条幽静的长街，这条街只有七户人家。

这七户人家不是王侯贵胄，就是当朝大员。

走上这条街，其中有一家的偏门突然开了。

牛车竟直驰而入。

这一家谁都知道是当今清流之首、左都御史樊林泉的居处。

江湖豪杰绝不可能和这种当朝政要搭上关系。

李寻欢难道会被藏在这里？

这简直绝无可能。

但站在大厅石阶上含笑相迎的，却偏偏是龙啸云。

荆无命一下牛车，龙啸云就迎了上去，长揖含笑道："久闻荆先生大名，今日得见，快慰平生，只因此行必须避人耳目，是以有失远迎，恕罪恕罪。"

荆无命死灰色的眼睛只是凝视着自己的手,连瞧都没有瞧他一眼。

龙啸云还是笑容满面,道:"堂上已摆了接风之酒,但请荆先生喝两杯,稍涤征尘。"

荆无命站着,动也不动,只是冷冷道:"李寻欢就在这里?"

龙啸云笑道:"这里本是樊林公的寓所,只因樊老先生日前突然动了游兴,皇上也特别恩准给假三月。"

说到这里,他面上不禁露出了得意之色,接着道:"樊林公独居终生,他老人家既已出游,这里的管家又恰好是在下的好友,是以在下才有机会借这地方一用。"

说穿了,他能借得到地方并不稀奇,因为"有钱能令鬼推磨",但别人却的确是永远想不到的。

这也实在难怪龙啸云得意。

荆无命还是在凝视自己的手,突然道:"你以为没有人能追踪到这里?"

龙啸云脸色变了变,瞬即笑道:"若是真的有人能追踪到这里,在下情愿向他叩头为礼,以示敬意。"

荆无命冷冷道:"好,你准备叩头吧。"

龙啸云笑道:"若是……"

只说了这两个字,他面上的笑容突然冻结。

龙小云随着他父亲的目光转首瞧了过去,苍白的脸色也发了青。

墙角站着一个人。

这人不知什么时候来的,也不知哪里来的。

第五十七章

火花

他身上穿着套青布衣服,本来很新,但现在已满是泥污、汗垢,肘间、膝头已也被磨破。

他身上也很脏,头发更乱。

但他远远站在那里,龙啸云都能感觉到一股逼人的杀气。

他整个人看来就如同那柄插在他腰带上的剑。

一柄没有鞘的剑。

是阿飞。

阿飞毕竟来了。

世上也许只有阿飞一个人能追踪到这里。

最狡猾、最会逃避、最会躲藏的动物是狐狸。

最精明、受过最严格训练的猎犬,也未必能追得着狐狸。

但阿飞十一岁时就曾经赤手空拳捉住了一条老狐狸。

这段追踪的路程显然很艰苦,所以他才会这么脏。

但这才是真正的阿飞。

只有这样,才能显出他那种剽悍、冷酷、咄咄逼人的野性。

一种沉静的野性，奇特的野性。

龙啸云居然很快恢复了镇定，笑道："原来是阿飞兄，久违久违。"

阿飞冷冷地瞧着他。

龙啸云道："兄台竟真的能追踪到这里，佩服佩服。"

阿飞还是冷冷地瞧着，他的眼睛明亮、锐利，经过两天的追踪，似乎又恢复了几分昔日那种剑锋般的光芒。

那和荆无命死灰色的眼睛正是种极强烈的对比。

龙啸云笑了笑，道："兄台追踪的手段虽高，只可惜却也被这位荆先生发觉了。"

阿飞的眼睛瞧向荆无命。

荆无命也在瞧着他。

两人的目光相遇，就宛如一柄剑刺上了冰冷灰暗的千年岩石。

谁也猜不出是剑锋锐利，还是岩石坚硬。

两人虽然都没有说话，但两人的目光间却似已冲激出一串火花！

龙啸云瞧了瞧荆无命，又瞧了瞧阿飞道："荆先生虽已发觉了你，却一直没有说出来，你可知道是为了什么？"

阿飞的目光似已被荆无命吸引，始终未曾移开过片刻。

龙啸云又笑了笑，慢慢悠悠道："因为荆先生本就希望你来。"

他转向荆无命,接着笑道:"荆先生,在下猜得不错吧?"

荆无命的目光似也被阿飞所吸引,也始终没有移动过。

过了很久,龙啸云又大笑道:"荆先生希望你来,只有一个原因,因为他要杀你!"

龙小云立刻接着道:"荆先生要杀的人,至今还没有一个人能活着的!"

阿飞的目光这才移向荆无命的剑。

荆无命的目光几乎也在同一刹那间移向阿飞腰带上插着的剑。

这也许是世上最相同的两柄剑!

这两柄剑既不是神兵利器,也不是名匠所铸。

这两柄剑虽然锋利,但太薄、太脆!都很容易被折断!

剑虽相同,两人插剑的方法却不同。

阿飞的剑插在腰中央,剑柄是向右的。

荆无命的剑却插在腰带右边,剑柄向左。

这两柄剑之间,似乎也有种别人无法了解的奇特吸引力。

两人的目光一接触到对方的剑,就一步步向对方走过去。但目光还是始终未离开过对方的剑!

等到两人之间相距仅有五尺时,两人突然一起停住了脚步!

然后，两人就像钉子般被钉在地上。

荆无命穿的是件很短的黄衫，衫角只能掩及膝盖，袖口是紧束着的，手指细而长，但骨节凸出，显得很有力。

阿飞的衣衫更短，袖口几乎已被完全撕了下来，手背也很细、很长，但却很粗糙，宛如砂石。

两人都不修边幅，指甲却都很短。

两人都不愿存在任何东西妨碍他们出手拔剑。

这也许是世上最相像的两个人！

现在两人终于相遇了。

只有在两人站在一起时，你仔细观察，才能发觉这两人外貌虽相似，但在基本上，气质却是完全不同的。

荆无命脸上，就像是戴着个面具，永远没有任何表情变化。

阿飞的脸虽也是沉静的、冷酷的，但目光随时都可能像火焰般燃烧起来，就算将自己的生命和灵魂都烧毁也在所不惜。

而荆无命的整个人却已是一堆死灰。

也许他生命还未开始时，就已被烧成了死灰。

阿飞可以忍耐，可以等，但却绝不能忍受任何人的委屈。

荆无命可以为一句话杀人，甚至为了某一种眼色杀人，但到了必要时，却可以忍受任何委屈。

这两人都很奇特，很可怕。

谁也猜不透上天为什么要造出这么两个人，又偏偏要他们相遇。

秋已残。

木叶凋零。

风不大,但黄叶萧萧而落,难道是被他们的杀气所摧落的?

天地间的确充满了一种说不出的萧索凄凉之意。

两人的剑虽然还都插在腰带上,两人虽然还连手指都没有动,但龙啸云父子却已紧张得透不过气来。

突然间,寒光闪动。

十余道寒光带着尖锐的风声,击向阿飞。

龙啸云竟先出了手。

他自然也并不奢望这些暗器能击倒阿飞,但只要阿飞因此而稍有分心,荆无命的剑就可刺他咽喉。

剑光暴起。

一连串"叮叮"声音后,满天寒光如星雨般堕了下来。

荆无命的剑已出手,剑锋就在阿飞耳畔。

阿飞的手已握着剑柄,但剑尖还未完全离开腰带。

暗器竟是被荆无命击落的。

龙啸云父子的脸色都变了。

荆无命和阿飞目光互相凝注着,面上却仍然全无丝毫表情。

然后,荆无命慢慢地将剑插回腰带。

阿飞的手也垂下。

又不知过了多久,荆无命突然道:"你已看出我的剑是击暗器,而非刺你?"

阿飞道:"是。"

荆无命道:"你还是很镇定。"

暗器击来荆无命的刺出,阿飞除了伸手拔剑,绝未慌张闪避。

荆无命没有等阿飞答那句话,接着又道:"但你反应已慢了……"

阿飞沉默了很久,目中露出了一丝沉痛凄凉之色,终于道:"是。"

荆无命道:"我能杀你!"

阿飞想也不想道:"是!"

听到这里,龙啸云父子交换了个眼色,暗中都不禁松了口气。

荆无命突又道:"但我不杀你!"

龙啸云父子脸色又都变了。

阿飞凝视着荆无命死灰色的眼色,过了很久,才缓缓道:"你不杀我?"

荆无命道:"我不杀你,只因你是阿飞。"

他死灰色的眼睛中突又露出了一种无法形容的痛苦之色,这种眼色甚至比阿飞现在的眼色还沉痛。

他遥注着远方,仿佛远处站着一个人。

一个仙子与魔鬼混合成的人。

又过了很久,他才缓缓接着道:"我若是你,今日你就能杀我。"

这句话也许连阿飞都听不懂,只有荆无命自己心里明白。

无论任何人，若是过了两年阿飞那种生活，反应都会变得迟钝的，何况，他每天晚上都被人麻醉。

无论任何一种有麻醉催眠的药物，都可令人反应迟钝。

荆无命不杀阿飞，绝不会动了同情恻隐之心，只不过因为他了解阿飞的痛苦，因为他自己也和阿飞有同样的痛苦。

他要阿飞活着，也许只是要阿飞陪着他受苦。

——失恋的人知道有别人也被遗弃，痛苦就会减轻些，输钱的人看到有别人比他输得更多，心里也会舒服些。

阿飞木立，似乎还在咀嚼着他方才的两句话。

荆无命道："你可以走了。"

阿飞霍然抬头，断然道："我不走。"

荆无命道："你不走？要我杀你？"

阿飞道："是！"

荆无命沉默了很久，缓缓道："你为的是李寻欢？"

阿飞道："是，只要我活着，就不能让他死在你手里。"

龙小云忽然大声道："林仙儿呢？你难道忍心让她为你痛苦？"

阿飞心上宛如突然被人刺了一针，胸口似已突然痉挛。

荆无命再也不瞧他一眼，转身走向龙啸云，一字字道:"我喜欢杀人,我喜欢自己杀,你明白么?"

龙啸云勉强笑道:"我明白。"

荆无命道:"你最好明白,否则我就杀你。"

他也不再瞧龙啸云,又转过身,道:"李寻欢在哪里?带我去!"

龙啸云偷偷瞟了阿飞一眼,道:"可是他……"

荆无命冷冷道:"我随时都可以杀他!"

阿飞只觉胃也在痉挛、收缩,突然弯下腰呕吐起来。

他吐的是苦水,只有苦水。

因为这一两天来,他根本就没有吃什么。

"你一定要答应我,你一定要回来,我永远都在等着你……"

这是他最心爱的人说的话。

为了这句话,无论如何他也不能死。

可是李寻欢……

李寻欢不但是他最好的朋友,也是他平生所见人格最伟大的人,他能站在这里,看着别人去杀李寻欢么?

他继续呕吐。

现在,他吐的是血。

李寻欢根本不知道自己在哪里,也不想知道自己在哪里。

他也分不出现在是白天,还是晚上。

他甚至连动都不能动,因为他所有关节处的穴道都已被点住。

没有食物,也没有水。

他已被囚禁在这里十多天。

就算他穴道没有被闭住,饥饿也早已销蚀了他的力量。

荆无命在冷冷地瞧着他。

他软软地倒在角落里,就像是只已被掏空了的麻袋。

地室中很暗。看不清他的面色和表情,只能依稀分辨出他褴褛肮脏的衣衫,憔悴疲倦的神态和那双充满了悲伤绝望的眼睛。

荆无命突然道:"这就是李寻欢?"

龙啸云道:"是!"

荆无命仿佛有些失望,又有些不信地再追问了一句,道:"这就是小李探花?"

龙小云笑了笑,抢着道:"就算是雄狮猛虎,被饿了十几天,也会变成这样子的。"

龙啸云叹息着,道:"我本不愿这样对他,可是……人无伤虎心,虎有伤人意,经过上次的教训,我不愿再有任何意外。"

荆无命沉默了很久,突又道:"他的刀呢?"

龙啸云考虑着,沉吟道:"荆先生是不是想看看他的刀?"

荆无命没有回答,因为这句话根本就是多问。

龙啸云终于自怀中取出了一柄刀。

刀很轻,很短,很薄,几乎就宛如一片柳叶。

荆无命轻抚着刀锋,仿佛不忍释手。

龙啸云笑道:"其实,这不过是柄很普通的刀,并不能算是利器。"

荆无命道:"利器?……凭你这种人也配谈论利器?"

他眼睛忽然扫向龙啸云,冷冷道:"你可知道什么是利器?"

他的眼睛虽然灰暗无光,但却带着种无法形容的诡奇妖异之力,就好像你在梦中见到的妖魔之眼,令你醒来后还是觉得同样可怕。

龙啸云觉得连呼吸都困难起来,勉强笑道:"请指教。"

荆无命眼睛这才回到刀锋上,缓缓道:"能杀人的,就是利器,否则,纵是干将莫邪,到了你这种人手上,也就算不得利器了。"

龙啸云赔笑道:"是是是,荆先生见解的确精辟,令人……"

荆无命根本没有听他在说什么,突又道:"你可知道至今已有多少人死在这种刀下?"

龙啸云道:"这……只怕已数不清了。"

荆无命道:"数得清。"

金钱帮之崛起,虽然只有短短两年,但在创立之前,却已不知经过多久的策划,上官金虹最服膺的两句话就是:"凡事预则立,不预则废。""一分耕耘,一分收获。"

金钱帮之所以能在短短两年中威震天下,并不是运气。

龙啸云也听说过,金钱帮未创立之前,就已将江湖中每个小有名气的人的来历底细都调查得清清楚楚。

这要花多大的人力物力?

龙啸云始终不能相信,此刻忍不住问道:"真的数得清?有多少人?"

荆无命道:"七十六。"

他冷冷接着道:"这七十六人中,没有一人的武功比你差。"

龙啸云只能赔笑,目光缓缓转向李寻欢,像是还要他证明一下,荆无命说的这数字是否可对。

但李寻欢却似连点头摇头的力气都没有了。

龙小云眨着眼,忽然笑道:"李寻欢自己若也死在这种刀下,那才真的大快人心。"

他话未说完,刀光一闪,飞向李寻欢。

龙小云几乎开心得要叫了起来。

但刀光并没有笔直击向李寻欢的咽喉,半途中突然一折,"当"的一声,落在李寻欢身旁的石地上。

原来荆无命用暗器的手法也不错。

荆无命突然道:"解开他的穴道。"

龙啸云愕然,道:"可是……"

荆无命没有给他说话的机会,厉声道:"我说解开他的穴道。"

龙啸云父子对望了一眼,立刻明白他的意思了。

龙啸云道:"上官帮主要的只是李寻欢,并不在乎他是死的还是活的?"

龙小云道:"上官老伯自己滴酒不沾,自然也很讨厌酒鬼,真正的酒鬼只有死才能不喝酒,才会令人看得顺眼些。"

龙啸云目光闪动着,道:"何况,带个死人回去,总比带活人方便得多,也绝不会再有任何意外。"

龙小云道:"但荆先生自然不会向一个全无反抗之力的人出手,所以……"

荆无命厉声道:"你们的话太多了。"

龙啸云笑道:"是是是,在下这就去解开他的穴道。"

出手点穴的人是他,要解开自然很容易。

龙啸云拍了拍李寻欢的肩头,柔声道:"兄弟,看来荆先生是想和你一较高下,荆先生剑法高绝天下,兄弟你出手可千万不能大意。"

到了这种时候,他居然还能将"兄弟"两字叫得出口来,而且说得深情款款,好像真的很关心。

这种人你能不佩服他么?

李寻欢什么话也没有说。

他已无话可说,只是艰涩地笑了笑,慢慢地拾起了身旁的刀。

他凝注着手里的刀,目中似已有泪将落。

这的确是名满天下、例不虚发的小李飞刀。

现在,刀已回到他手里。

可是他还有力将这柄刀发出么?

美人迟暮,英雄末路,都是世上最无可奈何的悲哀。

这种悲哀最令人同情,也最令人惋惜。

但在这里,没有任何人同情他,更没有人惋惜。

龙小云目中闪动着狡黠的笑意,悠然道:"小李飞刀,例不虚发,这一次不知道还灵不灵?"

李寻欢抬头瞧了他一阵,又慢慢地垂下头。

荆无命缓缓道:"我要杀人,一定先给人一个机会,这就是你最后的机会,你明白么?"

李寻欢笑了笑,笑得很凄凉。

荆无命道:"好,你站起来吧!"

李寻欢喘息着,又咳嗽起来。

龙小云柔声道:"李大叔若已站不起,小侄可以扶你一把。"

他眨了眨眼,立刻又接着笑道:"但我看这根本是用不着的,据说李大叔的飞刀不但能坐着发,就连躺着时发出来也同样准。"

李寻欢叹息了一声,似乎想说话。

但他的话还未说完,已有一个人冲了进来。

阿飞!

阿飞的脸全无丝毫血色,嘴角却带着丝血痕。

在这片刻之间,他似已老了许多。

他飞一般冲进来,但身形在一刹那间就停顿,一停顿就静如山石。

荆无命道："你还不死心？"

李寻欢的头已抬起，目中又似有热泪盈眶。

阿飞瞧了他一眼，只瞧了一眼，就转头面对着荆无命，一字字道："要杀他，就得先杀我！"

他说得很沉着很镇静，并没有激动。

这更显示了他的决心。

荆无命死灰色的眼睛又起了种很奇特的变化，道："你已不再关心她？"

阿飞道："我死了，她还是能活下去。"

说这句话的时候，他虽然还是同样镇静，但目中却不禁露出了一丝痛苦之色，呼吸似也有些困难。

这并没有瞒过荆无命。

他心里似乎立刻得到了某种奇特的安慰和解脱，淡淡道："你不怕她伤心？"

阿飞道："活着不安，就不如死，我若不死，她更伤心。"

荆无命道："你认为她是这种人？"

阿飞道："当然！"

在阿飞心目中，林仙儿不但是仙子，也是圣女。

荆无命嘴角突然露出了一丝笑意。

谁也没有看到过他的笑，连他自己都已几乎忘却上一次是什么时候笑的。

他笑得很奇特，因为他脸上的肌肉已不习惯笑，已僵硬。

他从不愿笑，因为笑可令人软化。

但这种笑却不同——这种笑正如剑,只不过剑伤的是人命,这种笑伤的却是人心。

阿飞竟完全不懂他是为何而笑的,冷冷道:"你不必笑,你虽有八成机会杀我,但也有两成机会死在我剑下。"

荆无命笑容已消失不见,道:"我说过不杀你,就一定会留下你的命。"

阿飞道:"不必。"

荆无命道:"我要你活着,看着……"

这句话还未说完,剑光已飞起。

剑光交击,如闪电。

但还有一道光芒比剑更快,那是什么?

骤然间,所有的光芒都消失。

所有的动作也全都停止。

第五十八章

英雄

荆无命的剑,已刺入了阿飞的肩胛,但只刺入了两分。

阿飞的剑,距离荆无命咽喉还有四寸。

他肩上的血已开始渗出,渗入衣服,染红了衣服。

荆无命的剑为何没有刺下去?

荆无命的肩胛处,斜插着一柄刀!

小李飞刀!

是什么奇异的魔力使李寻欢能发出这柄刀来的?

龙啸云父子的脸色苍白,手在发抖,一步步向后退,退到墙角。他父子心里都很奇怪,李寻欢是哪里来的力量发刀的?

李寻欢已站起。

荆无命缓缓转过头,凝注着李寻欢,死灰色的眼睛中还是全无表情,也不知过了多久,突然道:"好刀!"

李寻欢笑了笑,道:"并不很好,只不过是你先对我有了轻视之心,竟全没有将我放在眼里,否则我未必能伤你!"

荆无命冷笑："你能骗过我，就是你的本事，你就比我强。"

李寻欢淡淡道："我并没有骗你，也没有说我不能发刀，只不过是你自己这么想而已，是你自己的眼睛骗了自己。"

荆无命沉默了半晌，一字字道："是，错的是我，不是你。"

李寻欢叹了口气，道："很好，你虽是凶手，却不是小人。"

荆无命眼角瞟过龙啸云父子，冷冷道："小人还不配做凶手。"

李寻欢道："好，你走吧。"

荆无命厉声道："你为何不杀我？"

李寻欢道："因为你也没有要杀我的朋友。"

荆无命垂下头，望着自己肩上的刀，缓缓道："但我这一剑，本想废去他这条手臂的。"

李寻欢道："我知道。"

荆无命道："你这一刀却很轻。"

李寻欢道："人予我一分，我报他三分。"

荆无命霍然抬头，凝视着他，虽然没有说一个字，但目中竟又有了种奇特的变化，就好像他在瞧着上官金虹时一样。

李寻欢缓缓道："我还要告诉你两件事。"

荆无命道："你说。"

李寻欢道："我虽伤了七十六个人，其中却有二十八人并没有死,死的都是实在该死的。"

荆无命默然。

李寻欢低低咳嗽了几声,接着又道:"我这一生,从未杀错过一个人!所以……我只望你以后在杀人之前,多想想,多考虑考虑。"

荆无命又沉默了很久,才缓缓道:"我也要告诉你一件事。"

李寻欢道:"我也在听。"

荆无命道:"我从不愿受人恩情,更不愿听人教训!"

说到这里,他突然在肩上那柄刀的刀柄上用力一拍。

露在外面的刀锋,直没入肉,直至刀柄。

鲜血涌出。

"当"的一声,剑也落在地上。

荆无命的身子摇了摇,但面上还是冷如岩石,硬如岩石,全没有半分痛苦之色,甚至连一根肌肉都没有颤抖。

他没有再说一个字,也没有再瞧任何人一眼,大步走了出去。

英雄?……什么叫英雄?难道这就是英雄?

英雄所代表的意思,往往就是冷酷!残忍!寂寞!无情!

也有人曾经替英雄下过种定义,那就是:杀人如草,好赌如狂,好酒如渴,好色如命。

当然,这都不是绝对的,英雄也有另一种。

但像李寻欢这样的英雄世上又有几人?

英雄也许只有一点是相同的——无论要做哪种英雄,都不是件好受的事。

阿飞的神情也很萧索,长长叹了口气,道:"他这一生,只怕永远也不能使剑了。"

李寻欢道:"他还有右手。"

阿飞道:"但他习惯的是左手,用右手,就会慢得多。"

他又叹了口气,道:"对使剑的人说来,'慢'的意思,就是'死'!"

他一向很少叹息。

现在,他叹息的非但是荆无命,也是他自己。

李寻欢凝注着他,眼睛里闪着光,缓缓道:"一个人只要有决心,就算两只手一起断了,用嘴咬着剑,也会同样快的,他的气若已馁,就算双手俱全,也没有什么用。"

他笑了笑,接着道:"世上双手俱全的人很多,但出手快的又有几人?"

阿飞静静地听着,黯淡的眼睛中,终于又露出了逼人的神情。

他突然冲过去,紧紧握住了李寻欢的手臂,嘎声道:"我明白你的意思。"

李寻欢道:"我知道你一定会明白的。"

这句话说完,两人都已热泪盈眶。若有第三人在旁边瞧见,一定也会被感动得热泪盈眶。

只可惜龙啸云父子都不是这种人,他们正在悄悄往外溜。

李寻欢是背对着他们的,仿佛根本没有觉察。

阿飞仿佛瞧了一眼,却并没有说什么。

直到他们父子都已溜出了门,阿飞才叹了口气,道:"我也知道你还是要放他们走的。"

李寻欢笑了笑,道:"他救过我。"

阿飞道:"他只救过你一次,却害过你很多次。"

李寻欢笑得有些凄凉,道:"有些事很难忆起,有些事却终生难以忘记。"

阿飞叹了口气,道:"那只不过因为是有些事,你根本拒绝去想而已。"

他也许还是未经世故的少年,但对人生某些事的看法,他却比大多数人都深刻、尖锐。

李寻欢也不禁叹息了一声,缓缓道:"但还有些事你纵然拒绝去想,却偏偏还是时时刻刻都要想起,人,永远都无法控制自己的思想,这也是人生的许多种痛苦之一。"

阿飞道:"你呢?你真的只记得他救过你,真的已将别的事全都忘了?"

李寻欢笑了笑,淡淡道:"也许并不是忘了,而是从未记恨,因为他也有他的苦恼。"

阿飞沉默了很久,突然也笑了笑,道:"我现在才知道,人生中的确有很多事是完全不公道的。"

李寻欢道:"不公道?"

阿飞道："不公道，譬如说，有些人一生都很善良，只不幸做错了一件事，这件事往往就会令他抱恨终生，非但别人不能原谅他，他自己也无法原谅自己。"

李寻欢默然。

他很了解"一失足成千古恨"这句话的意义。

阿飞接着道："但像龙啸云这种人，他一生中也许只做过一件好事——只救过你，所以你就永远不会觉得他是个十分坏的人。"

他语声中显然有很多感慨。

李寻欢忽然明白他的意思了。

他是在为林仙儿不平。

他始终认为林仙儿这一生中只做错过一件，而李寻欢却始终不能原谅她。

"爱"的确是奇妙的，有时很甜蜜，有时很痛苦，也有时很可怕——它不但能令人变成呆子，也能令人变成瞎子。

龙啸云父子溜出门的时候，心里不但很愉快，也很得意。

龙啸云忍不住笑道："你记着，别人的弱点，就是我们的机会。能把握住机会的人，就永远不会失败。"

龙小云道："李寻欢的弱点，孩儿现在已全都知道了。"

龙啸云道："所以他迟早总要死在我们手上的。"

他忽然听到有人在笑。

笑声是从对面的屋檐上传下来的。

一个人正箕踞在屋檐上，啃着条鸡腿，却赫然正是胡疯子。

他眼睛盯在鸡腿上，并没有瞧这父子两人一眼，仿佛连这鸡腿都比他们父子好看多了。

他冷笑着道："你们用不着溜得这么快，李寻欢绝对不会追出来的，否则他就根本不会让你们走出这道门。"

龙啸云的脸已有些发青。

他已明白李寻欢的力量是从哪里来的了。

但胡疯子也是不能得罪的。

龙啸云突然笑了，抱拳道："这些天让你破费来照顾我那兄弟，实在过意不去。"

胡疯子悠然道："其实那也没什么，李寻欢吃得并不多，每天只要两条鸡腿几个馒头就够了。替你守门的，又是个白痴，我每次点了他的睡穴，他都以为是自己真的睡着了。"

龙啸云暗中咬着牙，只恨不得立刻让那人长睡不醒。

胡疯子接着道："你对我有过好处，我也帮过你的忙，我们已互无赊欠，对你这种人，我本来连话都懒得说了。"

龙啸云只有赔着笑，听着。

胡疯子道："但有句话我却非说不可，最后一句话。"

龙啸云道："在下正洗耳恭听。"

胡疯子道："你虽是个混蛋，上官金虹更混蛋，你若真想和他结拜兄弟，还不如自己赶快找根绳子上吊好些。"

这果然是他最后一句话,说完了这句话,他就一个字都不再说了,凌空一个翻身,已落在屋背后,转眼就瞧不见了。

龙啸云目送着他,嘴角渐渐露出一丝得意的微笑,悠然道:"想不到我和上官金虹结拜的事,江湖中已有这么多人知道。"

沿着墙角,慢慢地走着。

李寻欢和阿飞都没有说话。

他们都知道沉默通常都比言语更真挚、更可贵。

黄昏。

高墙内有人在吹笛,笛声中也带着秋的萧瑟。

这种乐声往往最容易令人忆起往事,也最容易引起相思。

阿飞忽然道:"我得回去了。"

李寻欢道:"她在等你?"

阿飞道:"嗯。"

李寻欢沉吟着,终于忍不住道:"你认为她一定在等你?"

阿飞的脸色又苍白了些,沉默了很久,才缓缓道:"这次是她要我来救你的。"

李寻欢说不出话来了。

他一向很了解林仙儿,但这次他却很难猜得到她的用意。

阿飞道："我这一生，只有两个最亲近的人，我希望……你们也能做朋友。"

这几句话他分了很多次才说完，说得很艰涩，显见他心里很痛苦。

李寻欢瞧着他痛苦的眼色，心里更是说不出的怜悯悲伤。

只有真正爱过的人，才能了解爱情的力量是多么可怕。

笛声已远了，听来却更凄凉。

李寻欢忽然道："我也想见见她。"

阿飞的嘴闭得很紧。

李寻欢笑了笑道："若是不方便，你替我去谢谢她也一样。"

阿飞终于开了口，道："我……我只希望你莫要伤害她。"

阿飞本不会说这种话的，因为他知道李寻欢从未伤害任何人——李寻欢伤害的只是他自己。

只有为了林仙儿，阿飞才会说这种话。

猛抬头，眼前一片灯火辉煌。

不知不觉间，他们又走回了那条长街。

这条街晚上比白天更热闹，各式各样的摊子前，都悬着很亮的灯笼，每个人都在大声吆喝着，吹嘘着自己的货物。

一串串亮晶晶的糖葫芦，在灯光下看来更亮得如同宝石。

李寻欢脚步突然停下。

每一串糖葫芦中,仿佛都映着一张脸。

一张穿红衣服的小姑娘的脸,大大的眼睛,笑起来一边一个酒窝。

然后,他就看到了那卖包子和水饺的小铺。

"铃铃是不是还在等着?"

李寻欢突然觉得很惭愧,他居然已将这件事完全忘记了。

他眼角虽已有了皱纹,但谁也不能说他已老了。

那正和铃铃第一次到这里来的眼色一样——阿飞也从未到过这种地方。

李寻欢笑了。

看到自己的朋友还没有失去赤子之心,总是令人愉快的。

阿飞忽然道:"我们已有很久没有在一起喝两杯了。"

李寻欢笑道:"你想喝?"

阿飞微笑着,道:"也不知为了什么,只有和你在一起时,我才会想喝酒。"

他面上居然也露出了笑容。

李寻欢的心情更开朗,笑道:"饺子下酒,愈喝愈有……我们就到那边的饺子铺去如何?"

阿飞笑道:"很好,再贵的地方,我就请不起了。"

这世上有很多种事很奇妙。

譬如说：愈丑的女人愈喜欢作怪，愈穷的人愈喜欢请客。

请客的确也比被请愉快得多，只可惜这种愉快并不是人人都懂得享受。

饺子铺里的生意并不太好，因为生意大半已被外面的摊子抢走了，所以现在虽然正是吃晚饭的时候，店里也只有四五桌客人。

角落里的桌子上，坐着个白衣人。

李寻欢第一眼就瞧见了他。

阿飞第一眼瞧见的也是他。

无论任何人走进来，目光首先就会被他所吸引。

虽然坐在这种烟熏油腻的小店里，但这人全身上下仍是一尘不染，那件雪白的衣服就像是刚从熨斗下拿出来的。

他穿得虽简单，却很华贵。

但这些都不是他吸引人的地方——吸引人的，是他的气质。

一种无法形容的傲气。

他旁边的几张桌子都是空着的，因为无论谁和他坐在一起，都会觉得自惭形秽，有他在这里，别人的声音都小了些。

这正是那天在屋檐下，以一小锭银子击断青衣大汉扁担的人，也正是手指宛如利剪将卖卜瞎子银棍剪断的人。

他为什么还留在这里？难道也在等人。

他本来正在举杯，李寻欢一走进来，他的动作也立刻停止,目光也立刻转也不转地盯在李寻欢脸上。

他对面还坐着个人,是个身穿红衣裳的小姑娘,辫子很长。

第五十九章

勇气

她随着他的目光回过头,才发现李寻欢,立刻雀跃着冲了过来,紧紧拉住了李寻欢的手娇笑着道:"我知道你一定会来的,我知道你一定不会忘记我。"

铃铃果然还在这里等着。

李寻欢也有些激动,反握住她的手,道:"你……你一直都在这里等?"

铃铃点了点头,眼眶已红了,咬着嘴唇道:"你为什么来得这么迟,人家都快等得急死了……"

阿飞突然道:"你真的是在等他?"

铃铃这才看到阿飞,神情立刻变得有些异样——她当然是认得阿飞的,阿飞却不认得她。

他非但未上过那小楼,甚至连做梦都未想到过。

铃铃眨了眨眼,终于道:"若不是等他,我在这里干什么?"

阿飞冷冷道:"不等人,也有很多事情可以做,若是等人,眼睛总是看着门的,无论谁在等人,都不会背对着门的。"

李寻欢从未想到他会说这句话。

他平时本来一向不愿刺伤人，现在却忽然变得很尖锐，尖锐得可怕。

因为他不能忍受别人欺骗他的朋友。

李寻欢心里在叹息。

阿飞的看法不但尖锐，而且和任何人都不同，对大多事情他都看得比别人透彻，比别人清楚。

在林仙儿面前他为什么就会变成瞎子呢？

铃铃眼圈又红了，眼泪已快流了下来，凄然道："你若也在同一个地方等人等了十几天，你就会知道我为什么要背对着门了。"

她悄悄拭了拭泪痕，幽幽地接着道："开始的时候，每个人走进来，我的心都会跳，总以为是他来了，后来我才知道，你等的人若不来，就算将眼睛看着也没有用的，用眼睛盯着门，只有令你等得更心焦，若再不转过身，我简直要发疯。"

阿飞没有再说什么。

他发觉自己说得太多了。

铃铃头垂得更低，道："若不是那位吕……吕大哥好心陪着我，只怕我也会发疯。"

李寻欢目光一转过去，就立刻和那白衣人的目光相遇。

李寻欢微笑着走过去，道："多谢……"

白衣人忽然打断了他的话，淡淡道："你用不着替她谢我，因为我留在这地方，并不是为了陪她，而是为了等你。"

李寻欢道:"等我?"

白衣人道:"不错,是等你。"

他笑了笑,笑容中也带着种逼人的傲气,缓缓接着道:"世上只有少数几个人值得我等,小李探花就是其中之一。"

李寻欢还未表示出惊异,铃铃已抢着道:"我并没有告诉你我等的是什么人,你怎会认得他的?"

白衣人淡淡道:"你若想在江湖中走动,若想活得长些,就有几个人是你非认识不可的,小李探花也正是其中之一。"

阿飞突然道:"还有其他几个人是谁?"

白衣人眼睛盯着他,道:"别的人不说,至少还有我和你!"

阿飞瞧了瞧自己的手,目中突然露出一种说不出的凄凉萧索之意,缓缓转过身,在旁边的桌上坐下,道:"酒,白干。"

店伙赔着笑,道:"客官要什么菜下酒?"

阿飞道:"酒,黄酒。"

会喝酒的人都知道,一个人若想快醉,最好的法子就是用酒来下酒,用黄酒来下白干。

只不过这种法子虽然人人都知道,却很少有人用,因为一个人心里若没有很深的痛苦,总希望自己醉得愈慢愈好。

白衣人一直在很留意地瞧着。

他锋利的目光渐渐松弛,甚至还露出种失望之色,但当他目光转向李寻欢时,瞳孔立刻又收缩了起来。

李寻欢也正在瞧着他,道:"阁下大名是……"

白衣人道:"吕凤先。"

这的确是个显赫的名字,足以令人耸然动容。

但李寻欢却没有觉得意外,只淡淡地笑了笑,道:"果然是银戟温侯吕大侠。"

吕凤先冷冷道:"银戟温侯十年前就已死了!"

这次,李寻欢才觉得有些意外。

但他并没有追问,因为他知道吕凤先这句话必定还有下文。

吕凤先果然已接着道:"银戟温侯已死了,吕凤先却没有死!"

李寻欢沉默着,似在探索着这句话的真意。

吕凤先是个很骄傲的人。

百晓生在兵器谱上,将他的银戟列名第五,在别人说来已是种光荣,但在他这种人说来,却一定会认为是奇耻大辱。

他绝不能忍受屈居人下,但他也知道百晓生绝不会看错。

他一定毁了自己的银戟,练成了另一种更可怕的武功!

李寻欢慢慢地点了点头,道:"不错,我早该想到银戟温侯已死了。"

吕凤先盯着他,冷冷道:"吕凤先也已死了十年,如今才复活。"

李寻欢目光闪动，道："是什么事令吕大侠复活的？"

吕凤先慢慢地举起了一只手，右手。

他将这只手平放在桌上，一字字道："令我复活的，就是这只手！"

在别人看来这并不是只很奇特的手。

手指很长，指甲修剪得很干净，皮肤很光滑，很细。

这正很配合吕凤先的身份。

你若看得很仔细，才会发现这只手的奇特之处。

这只手的拇指、食指和中指，肤色竟和别的地方不同。

这三根手指的皮肤虽也很细很白，却带着很奇特的光彩，简直就不像是血肉骨骼组成的，而像是某一种奇怪的金属所铸。

但这三根手指却又明明是长在他手上的。

一只有血有肉的手上，怎会突然长出三根金属铸成的指头？

吕凤先凝注着自己的手，突然长长叹息了一声，道："只恨百晓生已死了。"

李寻欢道："他不死又如何？"

吕凤先道："他若不死，我倒想问问他，手，是不是也可算作兵器？"

李寻欢笑了笑，道："我今天才听人说过一句很有趣的话。"

吕凤先道:"说的是什么?"

李寻欢道:"只有杀人的,才可算做利器。"

他接着又道:"手,本来不是兵器,但一只能杀人的手,就不但是兵器,而且是利器。"

吕凤先沉默着,仿佛并没有什么举动。

但他的拇指、食指和中指,却突然间就没入了桌子里。

没有发出任何声音,甚至连杯中盛得很满的酒都没有溢出,他手指插入桌子,就好像用快刀切豆腐那么容易。

吕凤先悠然道:"这只手若也能算兵器,不知能在兵器谱中排名第几!"

李寻欢淡淡道:"现在还很难说。"

吕凤先道:"为什么?"

李寻欢道:"因为一件兵器要对付的是人,不是桌子。"

吕凤先忽然笑了。

他笑得很傲,也很冷酷,道:"在我眼中看来,世人本就和这张桌子差不多。"

李寻欢道:"哦?"

吕凤先缓缓道:"其中当然也有几个人是例外的。"

李寻欢道:"几个人?"

吕凤先冷冷道:"我本来以为有六个,现在才知道只有四个。"

他有意扫了阿飞一眼,接着道:"因为郭嵩阳其人已死了,还有一个,虽然活着却也和死了相差无几。"

阿飞是背对着吕凤先的,根本没有看到他的脸色。

但就在这一刹那间,他脸色突然又发了青。

他显然已听懂了吕凤先的意思。

李寻欢突然笑了笑,道:"那人也会复活的,而且用不着十年。"

吕凤先道:"只怕未必。"

李寻欢道:"阁下既能复活,别人为什么就不能复活?"

吕凤先道:"那不同。"

李寻欢道:"有什么不同?"

吕凤先冷冷道:"因为我的'死'并不是死在女人手上的,而且心也一直没有死。"

"喳"的一声,阿飞手里的酒杯碎了。

但他还是静静地坐着,动也没有动。

吕凤先连瞧都不瞧了,眼睛盯着李寻欢,道:"我这次出来,为的就是要找这四个人,证明我的手能不能算利器,所以我才会在这地方等着你!"

李寻欢沉默了很久,才缓缓道:"你一定要证明?"

吕凤先道:"一定。"

李寻欢道:"你要证明给谁看?"

吕凤先道:"给我自己。"

李寻欢突然又笑了笑,道:"不错,任何人都可以骗得过,只有自己是永远骗不过的……"

吕凤先霍然站起来,一字字道:"我就在外面等着你!"

饺子店里的客人,不知何时都已走得干干净净。

铃铃咬着嘴唇,似已吓呆了。

李寻欢慢慢地站了起来。

铃铃忽然拉住他衣角,悄悄道:"你……你一定要出去?"

李寻欢笑得很辛酸,道:"人生中有些事,你只要遇着,就永远再也无法逃避。"

他目光转向阿飞。

阿飞没有回头。

吕凤先已走出了门。

阿飞突然道:"慢着。"

吕凤先脚步停下,也没有转身,冷笑道:"你也有话要说?"

阿飞道:"不错,我也想证明一件事。"

吕凤先道:"你想证明什么?"

阿飞的手紧握着酒杯的碎片。

鲜血,正一滴滴自他手中滴落。

他一字字缓缓道:"我只想证明我究竟是活着的,还是已死了!"

吕凤先霍然转身。

他像是这才第一次看到了阿飞这个人。

然后,他瞳孔又渐渐收缩,嘴角却露出了一丝冷酷的笑,道:"好,我也等着你!"

坟墓。

江湖中每天都有决斗,各式各样的人,为了各种不同的原因,以各式各样的方式决斗。

但决斗的地方只有几种。

荒野,山林,坟墓……

若真是不死不休的决斗,十次中必有九次是选在这种地方的——仿佛这种地方的本身,就带着种"死"的气息。

夜已渐深,有雾。

吕凤先白衣如雪,静静地站在灰色的坟碑前,在凄迷的夜雾中看来,正就好像来自地狱的使者,要将"死"的信息带给世人。

铃铃依偎在李寻欢身旁,似在颤抖。

是冷,还是怕?

阿飞突然道:"你走开!"

铃铃的身子又往后缩了缩,道:"我……"

阿飞道:"你。"

铃铃咬着嘴唇,抬头去望李寻欢。

李寻欢的目光仿佛很遥远。

是他的心已远,还是雾太浓?

铃铃垂下头,嗫嚅着道:"你们要说的话,我不能听么?"

阿飞道:"你不能听,任何人都不能听。"

李寻欢轻轻叹息了一声,柔声道:"人家陪了你很多天,你至少也该去陪陪他。"

铃铃垂着头，呆了半晌，突然跺着脚，大声道："我根本不想留在这里，根本不想来的，你们这些人什么都不知道，只知道杀……你杀我，我杀你，究竟是为了什么，连你们自己都不知道……假如要这样才算英雄，最好天下的英雄都一起死光！"

李寻欢、阿飞、吕凤先，都只是静静地听着。

然后再静静地瞧着她飞奔出去。

阿飞甚至连瞧都没有瞧，等她脚步声远，才抬头面对李寻欢，道："我从未求过你什么事，是吗？"

李寻欢道："你从未求过任何人。"

阿飞道："现在，我却有事要求你。"

李寻欢道："你说。"

阿飞咬着牙，道："这一次，你无论如何再也不能阻拦我，一定要让我去！你若抢着出手，我……我就死！"

李寻欢神色显得很痛苦，黯然道："可是，你根本用不着这么做。"

阿飞道："我一定要这么样做，因为……"

他神情更痛苦，惨然接着道："因为吕凤先说得实在不错，再这样下去，我活着，也和死了差不多，我绝不能放过这机会。"

李寻欢道："机会？"

阿飞道："我若想复活，若想新生，这就是我最后的机会。"

李寻欢道："以后难道就没有机会了么？"

阿飞摇了摇头，道："以后纵然还有机会，可是我……今天我若失去了这勇气，以后就永远不会再有勇气振作！"

一个人受的打击太大，就会变得消沉，若是消沉得太久，无论多坚强的人，也会变得软弱，勇气也必定会消失。

李寻欢沉默了很久，才叹息着道："你的意思，我明白，可是……"

阿飞打断了他的话，道："我知道我出手已慢了，因为这两年，我也已感觉到自己的反应渐渐迟钝，甚至已有些麻木。"

李寻欢柔声道："只要你有决心，一切都会恢复的，只不过，现在还不是时候。"

阿飞道："现在正是时候！"

李寻欢道："现在？为什么？"

阿飞慢慢的摊开手掌。

鲜血已染红了他的手，酒杯的碎片还嵌在肉里。

阿飞道："因为现在我忽然发现，肉体上的痛苦不但可以减轻心里的苦恼，而且还可以使人精进、振作，也可以使人敏锐。"

他说得不错。

痛苦本就可刺激人的神经，令人的反应敏锐，也可以激发人的潜力——就算是一匹马，当你鞭打它，令它觉得痛苦时，它也会跑得快些。负了伤的野兽也通常都比平时更可怕。

李寻欢沉思着，道："你有信心？"

阿飞道："你对我没有信心？"

李寻欢突然笑了，用力拍了拍他肩头，道："好，你去吧！"

第六十章

友情

阿飞却还在沉吟着,终于忍不住道:"方才那小姑娘……她是谁?"

李寻欢道:"她叫铃铃,也很可怜。"

阿飞道:"我只知道她很会说谎。"

李寻欢道:"哦?"

阿飞道:"她并不是真的在等你——她等你,也许还有别的原因。"

李寻欢道:"哦?"

阿飞道:"她若真的在等你,自然一定对你很关心。"

李寻欢道:"也许……"

阿飞抢着道:"你现在的样子,谁都看得出你必定受了很多罪,可是她却根本没有问你是怎么会变成这种样子的。"

李寻欢淡淡道:"也许她还没有机会问。"

阿飞道:"女孩子若是真的关心一个人,绝不会等什么机会。"

李寻欢沉默了半晌，突又笑了，道："你难道怕我会上她的当？"

阿飞道："我只知道她说的不是真话。"

李寻欢微笑道："你若想活得愉快些，就千万不要希望女人对你说真话。"

阿飞道："你认为每个女人都会说谎？"

李寻欢固然不愿正面回答他这句话，道："你若是个聪明人，以后也千万莫要当面揭穿女人的谎话，因为你就算揭穿了，她也会有很好的解释，你就算不相信她的解释，她还是绝不会承认自己说谎。"

他笑了笑，接着道："所以，你若遇见了一个会说谎的女人，最好的法子，是故意装作完全相信她，否则你就是在自找苦吃。"

阿飞凝注着李寻欢，良久良久。

李寻欢道："你是不是还有话要说？"

阿飞突也笑了笑，道："就算有，也不必说了，因为我要说的你都已知道。"

望着阿飞的背影，李寻欢心里忽然觉得说不出的愉快。

这倔强的少年毕竟没有倒下去。

而且，这一次，他说了很多话，居然全没有提起林仙儿。

爱情，毕竟不能占有一个男子汉的全部生命。

阿飞毕竟是个男子汉。

男子汉若是觉得自己活着已是件羞辱时，他就宁可永不再见他所爱的女人,宁可去天涯流浪,死。

因为他觉得已无颜见她。

但阿飞真能胜得了吕凤先么?

这次他若又败了,吕凤先纵不杀他,他还能再活得下去么?

李寻欢弯下腰,剧烈地咳嗽起来。

他又咳出了血。

吕凤先还在那里等着,没有说过一句话。

这人的确很沉得住气。

只有能沉得住气的敌人,才是可怕的对手。

阿飞突然一把扯下了衣衫,用那只被鲜血染红了的手在身上揉着。

酒杯的碎片又刺入他肉里。

血,即使在如此凄迷的夜雾中,看来还是鲜红的。

只有鲜血才能激发人原始的兽性——情欲和仇恨,别的东西或许也能,但却绝没有鲜血如此直接。

阿飞仿佛又回到了原野中。

"你若要生存,就得要你的敌人死!"

吕凤先望着他渐渐走近,突然觉得一种无法形容的压力。

他忽然觉得走过来的简直不是个人,而是只野兽。

负了伤的野兽!

"仇敌与朋友间的分别,就正如生与死之间的分别。"

"若有人想要你死,你就得要他死,这其间绝无选择的余地!"

这是原野上的法则,也是生存的法则。

"宽恕"这两个字,在某些地方是完全不实际的。

血在流,不停地流。

阿飞身上的每根肌肉都已因痛苦而颤抖,但他的手,却愈来愈坚定。

他的目光也愈来愈冷酷。

吕凤先永远无法了解这少年怎会在忽然间变了。

但他却很了解阿飞的剑法。

阿飞剑法的可怕之处并不在"快"与"狠",而是"稳"与"准"。

他一出手就要置人于死命,至少也得有七成把握,他才会出手。

所以他必须"等"。

等对方露出破绽,露出弱点,等对方给他机会——他比世上大多数人都能等得更久。

但现在,吕凤先似已决心不给他这机会。

吕凤先看来虽然只是随随便便地站在那里,全身上下每一处看来仿佛都是空门,阿飞的剑仿佛可以随便刺入他身上任何部位。

但空门太多,反而变成了没有空门。

他整个人似已变成了一片空灵。

这"空灵"二字,也正是武学中最高的境界。

李寻欢远远地瞧着,目中充满了忧虑。

吕凤先的确值得自傲。

李寻欢实未想到他的武功竟如此高，也看不出阿飞有任何希望能胜得了他——因为阿飞简直连出手的机会都没有。

夜更深。

荒坟间忽然有碧光闪动，是鬼火。

吹的是西风，吕凤先的脸，正是朝西的。

有风吹过，一点鬼火随风飘到了吕凤先面前。

吕凤先镇静的眼神突然眨了眨，左手也动了动，像是要拂去这点鬼火，却又立刻忍住。

在生死决斗中，任何不必要的动作，都可能带来致命的危险。

只不过他的手虽没动，但左臂肩的肌肉已因这"要动的念头"而紧张起来，已不能再保持那种"空灵"的境界。

这当然不能算是个好机会，但再坏的机会，也比没有机会好。

只要有机会，阿飞就绝不会错过。

他的剑已出手。

这一剑的关系实在太大。

阿飞今后一生的命运，都将因这一剑的得失而改变。

这一剑若得手，阿飞就会从此振作，洗清上一次失败的羞辱。

这一剑若失手，他势必从此消沉，甚至堕落，那么他就算还能活着，也会变得如吕凤先说的那样——生不如死。

这一剑实在是只许成功,不许失败的。

但这一剑真能得手么?

剑光一闪,停顿!

"锵!"剑已折!

阿飞后退,手里只只剩下半柄断剑。

另半柄剑被夹在吕凤先的手指里,但剑尖却已刺入了他的肩头。

他虽然夹住了阿飞的剑,但出手显然还是慢了些。

鲜血正从他肩头流落。

这一剑毕竟得手了!

阿飞脸上仿佛突然露出了一种奇异的光辉——胜利的光辉!

吕凤先脸上却连一丝表情也没有,只是冷冷地瞧着阿飞,断剑犹在他肩头,他也没有拔出来。

阿飞也只是静静地站着,并没有再出手的意思。

他的积郁和苦闷已因这一剑而发泄。

他要的只是"胜利",并不是别人的"生命"。

吕凤先似乎还在等着他出手,等了很久,突然道:"好,很好!"

这句话的意思很明显,能从他这种人嘴里听到这句话,就已是令人觉得振奋,觉得骄傲。

但他在临走前,却又突然加了句。

"李寻欢果然没有说错,也没有看错你。"

这句话是什么意思?李寻欢曾经对他说过什么?

吕凤先的身影终于在夜色中消失。

李寻欢的笑脸已出现在眼前。

他用力拍着阿飞的肩头,笑道:"你还是你,我早就知道那点打击决不会令你泄气的,世上本就没有常胜的将军,连神都有败的时候,何况人?"

他笑得更开朗,接着又道:"可是从现在开始,我对你更有信心了……"

阿飞突然打断了他的话,道:"你认为我从此不会再败?"

李寻欢笑道:"吕凤先的武功,已绝不在任何人之下,若连他也躲不过你的剑,只怕世上就没有别人能躲得过?"

阿飞道:"可是……我却觉得这一次胜得有些勉强。"

李寻欢道:"勉强?"

阿飞道:"我出手已不如以前快了。"

李寻欢道:"谁说的?"

阿飞道:"用不着别人说,我自己也能感觉得出……"

他目光还停留在吕凤先身影消失处,缓缓接着道:"我觉得他本可胜我的,他出手绝不该比我慢。"

李寻欢道:"他武功的确很高,甚至也许比你还高,但你却把握住了最好的机会,这才是别人绝对比不上你的地方,所以你才能胜!"

他笑了笑接着道:"所以吕凤先虽败了,也并没有不服，连他这种人都对你服了，你自己对自己难道还没有信心？"

阿飞终于笑了。

对一个受过打击的人说来，世上还有什么比朋友的鼓励更珍贵？

李寻欢笑道："无论如何，这件事都该庆祝……你喜欢用什么来庆祝？"

阿飞笑道："酒，当然是酒，除了酒还能有什么别的？"

李寻欢大笑道："不错，当然是酒，庆祝时若没有酒，岂非就好像炒菜时不放盐……"

阿飞笑道："那简直比炒菜时不放盐还要淡而无味。"

阿飞睡了。

酒，的确很奇妙，有时能令人兴奋，有时却又能令人安眠。

这几天，阿飞几乎完全没有睡过，纵然睡着也很快就醒，他总想不通自己在"家"时怎会一躺下去就睡得像死猪。

等阿飞睡着，李寻欢就走出了这家客栈。

转过街，还有家客栈。李寻欢突然飞身掠入了这家客栈的后院。

三更半夜，他特地到这家客栈中来做什么？

已将黎明，后院中却有间房还亮着灯。

李寻欢轻轻拍门，屋里立刻有了响应，一人道："是李探花?"

李寻欢道:"是!"

门开了,开门的人竟是吕凤先。

他怎会在这里?李寻欢怎会知道他在这里?为什么来找他?

难道他们两人之间还有什么秘密的约定?

吕凤先嘴角带着种冷漠而奇特的微笑,冷冷道:"李探花果然是信人!果然来了。"

一个女孩子的声音接着道:"我早就说过,只要他答应,就绝不会失信。"

站在吕凤先身后的,竟是铃铃。

铃铃怎会和吕凤先在一起?

李寻欢究竟答应过什么?

灯光昏黄,李寻欢的脸却苍白得可怕,他默默地走进屋子,突然向吕凤先深深一揖道:"多谢。"

吕凤先淡淡道:"你不必谢我,因为这根本是件交易,谁也不必谢谁。"

李寻欢也淡淡地笑了笑,道:"这种交易,并不是人人都会答应的,我当然要谢你。"

吕凤先道:"这的确是件很特别的交易。你要铃铃对我说时,我的确吃了一惊。"

李寻欢道:"所以我才会要她解释得清楚些。"

吕凤先道:"其实用不着解释,我也已很了解,你要我故意败给阿飞,只不过是希望他能因此而振作起来,莫要再消沉。"

李寻欢道:"我的确是这意思,因为他的确值得我这么样做!"

吕凤先道:"这只因你是他的朋友,但我却不是……我简直想不到世上会有人向我提出如此荒谬的要求来。"

李寻欢道:"但你却终于还是答应了。"

吕凤先目光刀一般盯着他,道:"你算准了我会答应?"

李寻欢又笑了笑,道:"我至少有些把握,因为我已看出你不是凡俗的人,也只有你这种非凡的人,才会答应这种非凡的事。"

吕凤先还在盯着他,目光却渐渐和缓,缓缓道:"你也算准了他绝不会要我的命。"

李寻欢道:"我知道他胜了一分就绝不会再出手的。"

吕凤先突然叹了口气,道:"你果然没有看错他,也没有看错我。"

他忽又冷笑道:"我只答应你让他胜一招,那意思就是说,他若再出手,我就要他的命。"

李寻欢目光闪动,道:"你有这把握?"

吕凤先厉声道:"你不信?"

两人目光相视,良久良久,李寻欢突然又一笑,道:"现在也许,将来却未必。"

吕凤先道:"所以我本就不该答应你的,让他活着,对我也是种威胁。"

李寻欢道:"但有些人就喜欢有人威胁,因为威胁也是种刺激,有刺激才有进步,一个人若是真的达到四顾无人的巅峰处,岂非也很寂寞无趣?"

吕凤先沉默了很久,缓缓道:"也许……但我答应你,却并不是为了这缘故。"

李寻欢慢慢地点了点头,道:"你当然不是。"

吕凤先道:"我答应你,只因为你交换的条件很优厚。"

李寻欢笑了笑,道:"若没有优厚的条件,怎能和人谈交易?"

吕凤先道:"你说,只要我答应你这件事,你也会答应我一件事。"

李寻欢道:"不错。"

吕凤先道:"但你却没有指明是什么事。"

李寻欢道:"不错。"

吕凤先道:"所以我可以要你做任何事。"

李寻欢道:"不错。"

吕凤先目光突然又变得冷酷起来,一字字道:"我若要你去死呢?"

李寻欢神色不变,淡淡道:"以我的一条命,换回了他的一条命,这也很公道。"

他淡淡地说着,嘴角甚至还带着微笑,就仿佛他的生命本就不属于自己,所以他根本漠不关心。

铃铃的身子却已颤抖起来,忽然扑倒在吕凤先面前,嘶声道:"我知道你绝不会这么样做的,我知道你也是个好人……是不是?是不是?……"

吕凤先的嘴紧紧地闭着,连瞧都没有瞧她一眼。

他只是冷冷地凝视着李寻欢,紧闭着的嘴角,显得说不出的冷酷、高傲。

这种人本就不会将别人的生死放在心上。

铃铃望着他的嘴,脸色愈来愈苍白,身子的颤抖愈来愈剧烈。

她很了解李寻欢。

她知道这张嘴里只要吐出一句话,李寻欢立刻就会去死的。

他既然能为别人活着,自然更可以为别人而死。

死,往往都比活容易得多。

她也很了解吕凤先。

别人的生命,在他眼中本就一文不值。

她突然晕了过去。

因为她不愿,也不敢从他嘴里听到那句话。

晕厥,其实也是上天赐给人类的许多种恩惠之一,人们在遇着自己不愿做、不愿说、不愿听的事时,往往就会以"晕厥"这种方法来逃避。

李寻欢从不逃避。

他始终面对着吕凤先,正宛如面对死亡。

也不知过了多久,吕凤先突然长长叹了口气,道:"想不到世上真有你这种人,阿飞能交到你这种朋友,真是福气。"

李寻欢笑了笑,道:"你若对他了解得多些,就会知道我能交到他这种朋友更是福气。"

这是何等深挚、何等伟大的友情!

第六十一章

承诺

吕凤先冷傲的眸子里，突然露出一种寂寞之意——一个人觉得寂寞的时候，就表示他正在渴望着友情。怎奈真挚的友情并不是人人都能得到的。

吕凤先冷冷道："你的意思是说，你能为他死，他也会为你死，是不是？"

李寻欢道："是。"

吕凤先声音更冷酷，道："但你已算准了我不会杀你，至少不会在这种情况下杀你，是不是？"

李寻欢默然。

沉默，通常只代表两种意思——默认和抗议。

吕凤先瞪着他，脸孔渐渐松散，突然又叹了口气，道："我的确不会杀你……你可知道是为了什么？"

李寻欢还没有说话，吕凤先已接着道："因为我要你永远欠着我的，永远觉得我对你有恩……"

他竟也笑了笑，道："因为我若要杀你，以后还有机会，但这种机会以后只怕永远不会再有了。"

他心里的意思，是不是想以此换得李寻欢的友情？

李寻欢沉默了很久,突也笑了笑,道:"你还有机会。"

吕凤先道:"哦?"

李寻欢道:"我还要求你做一件事。"

吕凤先瞪着他,就像是从未见过这个人似的,过了很久,才冷笑道:"你第一次交易还未付出代价,就想要我做第二件事了?这算是什么样的交易?"

李寻欢道:"这不是交易,是我求你。"

吕凤先脸色虽很黯,眼睛却在发着光,道:"既然不是交易,我为何要答应?"

李寻欢微笑着,他的眸子平和、明朗而真诚。

他凝视着吕凤先,微笑着道:"因为这是我求你的。"

这句话回答得不但很妙,甚至有些狂妄。

这本不像李寻欢平时说的话。

但吕凤先却没有生气,心里反而忽然觉得有种奇特的温暖之意,因为他已从李寻欢的眸子里看到了一丝友情的光辉。

这也许就是唯一能驱走人间寂寞与黑暗的光辉。

这是永恒的光辉,只要人性不灭,就永远有友情存在。

吕凤先喃喃道:"别人都说李寻欢从不求人,今日居然肯来求我,看来我的面子倒不小。"

李寻欢笑道:"我既已欠了你的,再多欠些又何妨?"

吕凤先又笑了,这次才是真心的笑。

他微笑道:"有人说,学做生意最大的学问就是要懂得如何欠账,看来你本该去做生意的。"

李寻欢道:"你肯答应?"

吕凤先叹了口气,道:"至少我现在还未想出拒绝的法子,你趁此机会,赶快说吧。"

李寻欢咳嗽了几声,神情又变得很沉重,缓缓道:"你若在两年前遇见阿飞,我纵不求你,你只怕也要败在他手下。"

吕凤先沉默着,也不知是默认,还是抗议。

他能以沉默表示抗议,也已很不容易。

李寻欢道:"你若在两年前见到过他,就会发现那时的他和现在简直不像是同一个人。"

吕凤先道:"只不过短短两年,他怎会改变得如此多?"

李寻欢长长叹息了一声,道:"只因他不幸遇上了一个人。"

吕凤先道:"女人?"

李寻欢道:"自然是女人,世上也许只有女人才能改变男人。"

吕凤先冷笑道:"他不是改变,而是堕落,一个男人为了女人而堕落,这种人非但不值得同情,而且愚蠢得可笑。"

李寻欢叹息着道:"你说得也许不错,只因你还未遇到过那样的女人。"

吕凤先道:"我遇见了又如何?"

李寻欢道:"你若遇见了她,说不定也许变得和阿飞一样的。"

吕凤先笑了,道:"你以为我也是个没见过女人的小伙子。"

李寻欢道:"你也许见过各式各样的女人,可是她……她却绝对和别的女人不同。"

吕凤先道:"哦?"

李寻欢道:"曾经有个人将她形容得很好……她看来如仙子,却专门带男人下地狱。"

吕凤先目光闪动,忽然道:"我已知道你说的是谁了。"

李寻欢叹道:"你本该猜到的,因为世上只有她这么一个女人,也幸好只有一个,否则只怕大多数男人都已活不下去。"

吕凤先道:"有关这位天下第一美人的传说,我的确已听到过不少。"

李寻欢凝注着自己的指尖,缓缓道:"阿飞现在总算已振作起来,我不能眼看着他再沉沦下去,所以……"

吕凤先道:"所以你要我去杀了她?"

李寻欢黯然道:"我只希望阿飞永远莫要再见到她,因为只要一见到她,阿飞就无法自拔。"

吕凤先又沉默了很久,缓缓道:"你本可自己动手的。"

李寻欢道:"只是我不能。"

吕凤先道:"为什么?"

李寻欢笑得很凄凉,道:"因为阿飞若知道了,必将恨我终生。"

吕凤先道:"他应该明白你这是为他好。"

李寻欢苦笑道:"无论多聪明的人,若是陷入情感而不能自拔,都会变成呆子。"

吕凤先用手指轻敲着下巴,道:"你为何不找别人做这件事?为何要找我?"

李寻欢道:"因为别人纵有力量能杀她,见了她之后只怕也不忍下手,因为……"

他抬起头,凝视着吕凤先,缓缓接着道:"我本就很难找到一个我可以去求他的人。"

两人目光相遇,吕凤先心里忽又充满了温暖的感觉。

他似已从李寻欢的眸子里看到了他的寂寞和悲痛。

那是英雄唯有的寂寞和悲痛。

也只有英雄才能了解这种寂寞是多么凄惨,这种悲痛是多么深沉。

吕凤先突然道:"她在哪里?"

李寻欢道:"铃铃知道她在哪里,只不过……"

铃铃已晕过去很久,到现在居然还没有醒来。

李寻欢瞧了她一眼,缓缓接着道:"你若想她带你去,只怕并不容易。"

吕凤先笑了笑,悠然道:"这倒用不着你担心,我自然有法子的。"

阿飞醒来时，李寻欢已睡着。

在睡梦中，他还是在不停地咳嗽，每当咳得剧烈时，他全身都因痛苦而扭曲痉挛……

阳光从窗外斜斜照进来。

阿飞这才发现他头上的白发和脸上的皱纹都更多了。

他只有一双眼睛还是年轻的。

每当他闭上眼睛时，就会显得很憔悴，很苍老，甚至很衰弱。

他的衣衫已很陈旧残破，已有多日未洗涤。

又有谁能想到在如此衰弱、如此僵偻的躯壳里，竟藏着那么坚强的意志，那么高尚的人格，那么伟大的灵魂！

阿飞瞧着他，已热泪盈眶。

他活着，本就是在忍受着煎熬——各式各样不同的煎熬、折磨、打击。

但他却还是没有倒下去，也并没有觉得生命是冷酷黑暗的。

因为只要有他在，就有温暖，就有光明。

他带给别人的永远都是快乐，却将痛苦留给了自己。

阿飞的热泪已夺眶而出，流下面颊……

李寻欢还是睡得很沉。

睡眠，在他说来，几乎也变成了件很奢侈的事。

阿飞虽然急着想回去，急着想看到那春花般的笑脸，但还是不忍惊动他，悄悄掩起门，悄悄走了出去。

还很早，阳光刚照上屋顶，赶路的人都已走了，所以院子里很静，只剩下一株顽强的梧桐，在晚秋。

李寻欢岂非也正如这梧桐一样，虽然明知秋已将尽，冬已将至，但不到最后关头，他们是绝不会屈服的。

阿飞长长叹了口气，慢慢地穿过院子。

梧桐的叶子，已开始凋零，一片片飘过他眼前，飘落在他身上……

炉火犹未熄，豆浆，慢慢地啜着。

他吃得一向不快，慢慢地让这微温的豆浆自舌流入咽喉，流入胃里——一个人的胃若充实，整个人都仿佛充实了起来。

他一向喜欢这种感觉。

自半夜就起来忙碌的店伙，到现在才算空闲了下来，正坐在炉火的余熏旁，在慢慢地喝着酒。

下酒的虽只不过是根已冷了的"油炸桧"，喝的虽只不过是粗劣的烧刀子，但看他的表情，却像是正在享受着世间最丰美的酒食。

他显然很快乐，因为他已很满足。

世上也唯有能满足的人，才能领略到真正的快乐。

阿飞对这种人一向很羡慕，心里实在也想能过去喝两杯。

但他却控制着自己。

"也许，今天我就能见到她……"

他不愿她闻到自己嘴里有酒气。

这世上大多数人本就是为了别人而活着的——有些是为了自己所爱的人，也有些是为了自己所恨的人——

这两种人都同样痛苦。

这世上真正快乐的人本就不多。

风很大,砂土在风中飞舞,路上的行人很寥落。

阿飞抬起头,目光移向门外时,正有两个人自门外走过。

这两人走得并不快,行色却似很匆忙,只管低着头往前赶路,连热豆浆的香气都未能引动他们转头来瞧一眼。

前面走的是个身形佝偻、白发苍苍的老头子,手里提着管旱烟,身上的蓝布衫已洗得发白。

后面跟的是个小姑娘,眼睛很大,辫子很长。

阿飞认得这两人正是两年前他曾见过一次的"说书先生"和孙女,他还记得这两人姓孙。

但他们却全没有瞧见阿飞,很快就从门口走过。

——他们若是见到了阿飞,所有的一切事也许都会完全不同了。

阿飞喝完了豆浆,再抬起头,又瞧见一个人自门外走过。

这人身材很高,黄袍,斗笠,笠檐压得很低,走路的姿势很奇特,也没有转过头来瞧一眼,行色仿佛也很匆忙。

阿飞的心跳突然快了。

荆无命!

荆无命的眼睛一直盯住前面,仿佛正在追踪方才走过的那"说书先生",并没有发觉阿飞就坐在路旁的小店里。

阿飞却看到了他,看到他腰带上插着的剑,却没有看到他那条断臂——用布带悬着的断臂。

只要看到这柄剑,阿飞的眼睛里就再也容不下别的。

就是这柄剑,令他第一次尝到失败和屈辱的滋味。

就是这柄剑,令他几乎永远沉沦下去。

阿飞的拳已紧握,掌心的伤口又破裂,鲜血流出,疼痛却自掌心传至心底,他全身的肌肉立刻全都紧张了起来。

他已忘了荆无命的断臂。

他一心只盼望能和荆无命再决高下,除此之外,他再也想不到别的。

荆无命也很快就从门口走过。

阿飞缓缓站起,手握得更剧烈。

痛苦愈剧烈,他的感觉就愈敏锐。

坐在门口的伙计突然感觉到一阵无法形容的寒意袭来,转过头,就瞧见了阿飞的眼睛——一双火焰般炽热的眼睛,却令人自心底发冷。

"当"的一声,店伙手里的酒杯跌了下去。

但这酒杯还未跌在地上,阿飞突然伸手,已抄在手里。

谁也瞧不清他如何将这酒杯接住的。

店伙整个人都被吓呆了。

阿飞慢慢地将酒杯放在他面前的桌上,倒了杯酒,自己一饮而尽。

他心里忽然充满了信心。

就在这时，门外又有个人走了过去。

这人也是黄衫，斗笠笠檐也压得很低，走路的姿态也很奇特，苍白的脸，在斗笠的阴影下看来，就宛如是用石灰石雕成的。

上官飞！

阿飞并不认得上官飞，但一眼就看出这人必定和荆无命有很密切的关系，而且显然正在追踪着荆无命。

上官飞身材虽比荆无命矮些，年纪也较轻，但那种冷酷的神情，那种走路的姿态就好像是荆无命的兄弟。

他为什么也在暗中追踪荆无命呢？

这地方本就很荒僻，再转过这条街，四下更看不到人踪。

阿飞走得很快，始终和上官飞保持着一段距离。

前面走的"说书先生"早已瞧不见了，荆无命也只剩下一条淡黄色的人影，但上官飞也还是走得很慢，并不着急。

阿飞发现这少年也很懂得"追踪"的诀窍。

要追踪一个人而不被发觉，就不能急躁，就要沉得住气。

前面有座土山，荆无命已转过山坳。

上官飞的脚步突然加快，似乎想在山后追上荆无命。

等他的人也消失在山后，阿飞就以最快的速度冲上土山。

他知道在山上一定可以看到一些有趣的事。

他果然没有失望。

荆无命从未感觉到恐惧——一个人若连死都不怕,还有什么可怕的?

但现在,也不知为了什么,他目中竟带着种恐惧之意。

他怕的是什么?

第六十二章

绝招

转过山,景色更荒凉,秋风萧瑟。

荆无命的手,突然按上了剑柄——但这是右手,并不是使剑的手,他的剑在这只手里,已不能算是杀人的利器。

他的手握起,又放下。

他的脚步也停下,仿佛知道他的路已走到尽头。

就在这时,他听到了上官飞的冷笑。

上官飞已到了他身后,冷笑着道:"你已经可以不必再做戏了!"

荆无命缓缓回身,死灰色的眼睛又变得全无表情,漠然凝视着上官飞,良久良久,才一字字道:"你说我在做戏?"

上官飞道:"不错,做戏,你故意跟踪孙老儿,就是在做戏,因为你根本没有追踪他们的必要。"

荆无命道:"那么,我追踪他们,为的是什么?"

上官飞道:"为的是我。"

荆无命道:"你?"

上官飞道:"你早已知道我在盯着你了。"

荆无命冷冷道:"那只因你并不高明。"

上官飞道:"虽不高明,现在已是能杀你,你当然也早就知道我要杀你!"

荆无命的确早已知道,所以他并未感觉到惊异。

惊异的是阿飞。

这两人本是同一门下,为何要自相残杀?

上官飞道:"十年前,我已想杀你,你可知道为了什么?"

荆无命拒绝回答——他一向只问不答。

上官飞突然激动起来,目中更充满了怨毒之色,厉声道:"这世上若是没有你,我就可活得更好些,你不但抢走了我的地位,也抢走了我的父亲,自从你来了之后,本来属于我的一切,就忽然都变成了你的。"

荆无命冷冷道:"那也只怪你自己,你一向比不上我。"

上官飞咬着牙,一字字道:"你心里也明白并不是为了这缘故,那只因……"

他虽然在极力控制着自己,却还是忍不住爆发了起来,突然大吼道:"那只因你是我父亲的私生子,我母亲就是被你母亲气死的。"

荆无命死灰色的眼睛突然收缩,变得就像是两滴血。

两滴早已干枯,变了色的血。

在山上的阿飞,目中突然也露出了极强烈的痛苦之色,竟仿佛和荆无命有同样的痛苦,而且痛苦得比荆无命更深。

上官飞道:"这些事你们一直瞒着我,以为我真不知道。"

他说的"你们"指的就是荆无命和他的父亲。

这两字自他嘴里说出来,并没有伤害到别人,伤害的只是自己。

他更痛苦,所以神情反而显得平静了些,冷笑着接道:"其实自从你来的那一天,我已经知道了,自从那一天,我就在等着机会杀你!"

荆无命冷冷道:"你的机会并不多。"

上官飞道:"那时我纵有机会,也未必会下手,因为那时你还有利用的价值,但现在却不同了。"

他冷笑着,又道:"那时你在我父亲眼中,就像是一把刀,杀人的刀,我若毁了他的刀,他绝不会饶我,但现在,你已只不过是块废铁,你的生死,他已不会放在心上。"

荆无命沉默了很久,竟慢慢地点了点头,一字字道:"不错,我的生死,连我自己都未放在心上,又何况他?"

上官飞道:"这话你也许能骗得过别人,骗得过你自己,却骗不过我的。"

荆无命道:"骗你?"

上官飞冷笑道:"你若真的不怕死,为何还要拖延逃避?"

荆无命道:"拖延?逃避?"

上官飞道:"你故意做出追踪孙老头的姿态,就是在拖延，在逃避。"

荆无命道："哦？"

上官飞道："你追踪的若不是孙老头，我一定会让你先追出个结果来，看你是想追出他的下落，还是在等机会杀他，然后我才会对你下手。"

他冷笑着，接道："只可惜你选错了人，因为你根本追不出他的下落，更杀不了他，你根本不配追踪他，根本不是他的对手！"

荆无命突然笑了笑，道："也许……"

他笑容不但很奇特，而且还仿佛带着种说不出的讥诮之意。

上官飞并没有看出来，又道："所以你的追踪，只不过是种烟幕，要我不能向你出手？"

他盯着荆无命，厉声道："因为你现在已怕死了！"

荆无命道："怕死？"

上官飞道："你以前的确不怕死，但那只不过是因为那时还没有人能威胁你的生命，所以你根本还无法了解死的恐惧。"

"叮"的一声，他龙凤双环已出手，冷冷接着道："但现在我已随时可杀你！"

荆无命沉默了很久，缓缓道："看来你好像什么事都知道。"

上官飞道："我至少比你想象中高明得多。"

荆无命突然笑了笑，道："只可惜你还有一件事不知道。"

上官飞道:"什么事?"

荆无命道:"别的事你全不知道也不要紧,但这件事你若不知道,你就得死!"

上官飞冷笑道:"这件事若真的如此重要?我就绝不会不知道。"

荆无命道:"你绝不会知道,因为这是我的秘密,我从未告诉过别人……"

上官飞目光闪动,道:"你现在准备告诉我?"

荆无命道:"不错,我现在准备告诉你,但那也是有交换条件。"

上官飞道:"什么条件?"

荆无命死灰色的眼睛又收缩了起来,缓缓道:"我若告诉了你,你就得死!"

上官飞道:"你要我死?"

荆无命道:"我要你死,因为活着的人,没有人能知道这秘密。"

上官飞瞪着他,突然纵声大笑了起来。

这件事的确是很可笑。

一个残废了的人,居然还想要别人的命?

上官飞大笑道:"你想用什么来杀我?用你的头来撞,用你的嘴来咬?"

荆无命的回答很简短,也很妙,只有两个字。

"不是。"

上官飞的笑声已渐渐小了。

如此简短的回答,已不像是在吓人,更不像是在开玩笑。

荆无命缓缓道:"我要杀你,用的就是这只手!"

他的手已抬起,是右手。

上官飞已笑得很勉强,却还是大笑着道:"这只手……你这只手连狗都杀不死。"

荆无命道:"我只杀人,不杀狗!"

上官飞笑声突然停顿,龙凤双环已脱手飞出。

一寸短一寸险,龙凤双环本是武林中至绝至险之兵刃,这一招"龙翔凤舞脱手双飞"更是险中之险,若非情急拼命,或是明知对方已被逼入死角时,本不该使出这一招。

这一招若是使出,对方也就很难闪避得开。

但就在这时,剑光已飞出。

剑光只一闪,已刺入了上官飞咽喉。

剑锋入喉仅七分。

上官飞的呼吸尚未停顿,额上青筋一根根暴露,眼珠子也凸了出来,死鱼般瞪着荆无命。

他死也不明白荆无命这一剑是怎么刺出来的。

荆无命也在冷冷地瞧着他,一字字缓缓道:"我的右手比左手更快,这就是我的秘密!"

上官飞身子突然一阵抽搐,咽喉中发出了"咯"的一响。

剑拔出,鲜血飞激。

上官飞死鱼般的眼睛还是在瞪着荆无命,目中充满了怀疑、悲哀、惊惧……

他还是不相信,死也不相信。

但他必须相信。

上官飞脱手击出的龙凤双环,已打入了荆无命的左臂。

断臂。

他拼着以这条断臂,去硬接上官飞的双环,然后以右手剑自左胁之下刺出,一剑刺入了上官飞的咽喉。

这是何等诡异的剑法。

这一剑好准!好毒!好快!好狠!

"我的右手比左手更快,这就是我的秘密!"

他的确没有说谎。

但这事实却又多么令人无法思议,难以相信。

上官飞和他同门十余年,从未见他练过一天右手剑,所以死也不明白他这右手剑是如何练成的。

但他必须相信,因为世上绝没有比"死"更真实的事。

荆无命垂首望着他的尸身,神情看来似乎有些惆怅、失望。

良久良久,他突然轻轻叹息了一声,喃喃道:"你何必要杀我?我何必要杀你?……"

他转过身,走了出去。

他走路的姿势还是那么奇特,仿佛在暗中配合着某一种奇特的韵律。

那对龙凤双环还是嵌在他左臂里。

怀疑，惊惧，不能相信。

这也正是阿飞此刻的心情。

荆无命的剑法的确可怕，也许并不比他快，但却更狠毒，更诡秘。

"难道我真的无法胜过他？"

就算明知这是事实，也是阿飞这种人绝对无法忍受的。

望着荆无命逐渐远去的背影，阿飞突然觉得胸中一阵热血上涌，忍不住就要跳下土山，追上去。

但就在这时，突然有一只手从后面伸过来，拉住了他。

这是只很稳定的手，瘦削而有力。

阿飞回过头，就看到了李寻欢那对充满了友情和热爱的眼睛。

能拉住阿飞的并不是这只手，而是这双眼睛。

阿飞终于垂下头，长长叹息了一声，黯然道："也许我真的不如他。"

李寻欢道："你只有一点不如他。"

阿飞道："一点？"

李寻欢道："为了杀人，荆无命可以不择一切手段，甚至不惜牺牲自己，你却不能。"

阿飞沉默了很久，黯然道："我的确不能。"

李寻欢道："你不能，只因你有感情，你的剑术虽无情，人却有情。"

阿飞道:"所以……我就永远无法胜过他?"

李寻欢摇了摇头,道:"错了,你必能胜过他。"

阿飞没有问,只是在听。

李寻欢接着说了下去,道:"有感情,才有生命,有生命,才有灵气,才有变化。"

阿飞又沉默了很久,才慢慢地点了点头,道:"我明白了。"

李寻欢道:"但这还并不是最重要的。"

阿飞道:"最重要的是什么?"

李寻欢道:"最重要的是你根本不必杀他,也不能杀他!"

阿飞道:"为什么不必?"

李寻欢道:"因为他本已死了,何必再杀?"

阿飞沉思着,缓缓道:"不错,他的心实已死……但既已不必,为何又不能?"

李寻欢没有回答这句话,却反问道:"你可知道他为何要在暗中苦练右手剑法?"

阿飞道:"你说他是为的什么?"

李寻欢缓缓道:"若是我猜得不错,他为的就是上官金虹。"

阿飞道:"你认为上官金虹也不知道他这秘密?"

李寻欢道:"绝不会知道。"

阿飞道:"怎见得?"

李寻欢道:"荆无命的右手既然比左手更快,本可一剑取那上官飞的命,上官飞本无还手的余地。"

阿飞道:"不错。"

李寻欢道:"但他却偏偏要等上官飞先出手,然后再拼着以左臂去挨上官飞的双环,他又何苦多此一举。"

阿飞沉吟着,道:"那只因他左臂本已废,再多挨一次也无妨。"

李寻欢道:"这也不是最重要的原因。"

阿飞等着他说下去。

李寻欢道:"他这么样做,为的也是上官金虹。"

阿飞道:"我不懂。"

李寻欢道:"他当然很了解上官金虹,知道上官金虹将任何人都当做工具,这人若是失去了利用的价值,上官金虹就会杀了他。"

阿飞道:"这点上官飞也说过。"

李寻欢道:"荆无命生怕上官金虹也会这么样待他。"

阿飞道:"上官金虹若知道他右手比左手更快,真会这么样对他?"

李寻欢道:"但上官金虹并不知道!"

阿飞道:"他为什么不告诉上官金虹?"

李寻欢道:"因为他和上官金虹之间,似乎有着某种极奇异的情感,他希望上官金虹对他好,并不是为了他的剑,而是为了他的人!"

阿飞默然。

李寻欢道:"所以他现在就想去试探探上官金虹,看他的左臂断了后,上官金虹对他是否还能和以前一样对他。"

阿飞终于点了点头,道:"我想大概已经明白了。"

李寻欢道:"上官飞说得不错,荆无命现在的确有种恐惧,但他恐惧的并不是'死',而是上官金虹的冷淡与轻蔑。"

阿飞道:"如此说来,他这人岂非也有情感?"

李寻欢道:"他对别人虽无情,但对上官金虹却例外,因为他这一生本是为上官金虹而活着的。"

阿飞叹息道:"这世上能完全为自己而活的又有几人?"

李寻欢道:"他可以为上官金虹去死,却不愿死在上官金虹手上。"

阿飞道:"所以他才要在暗中苦练右手的剑法。"

李寻欢道:"不错。"

阿飞道:"他拼着去挨上官飞的龙凤双环,就是想先练一练对付双环的方法。"

李寻欢道:"这也正是我的想法。"

阿飞道:"所以……上官金虹对他的态度若是改变了,他就会用这法子去杀上官金虹。"

李寻欢道:"也许他做不到,但他至少会去试一试。"

阿飞没有再说什么,目光却渐渐在黯淡。

他似乎又被触及了什么隐痛。

李寻欢道:"上官金虹的龙凤双环能在兵刃谱中名列第二,并不是因为他招式的狠毒、诡险,而是因为他的稳。"

阿飞茫然道："稳？"

李寻欢道："能将天下至险的兵器，练到一个'稳'字，这才是上官金虹非人能及之处，上官飞的武功，根本难及他父亲之万一。"

阿飞道："哦？"

李寻欢道："上官飞之所以恨荆无命，也是认为他父亲没有将武功的奥秘传授给他，而传给了荆无命。"

阿飞道："嗯。"

李寻欢道："上官金虹若不用'龙翔凤舞脱手双飞'那样的险招，荆无命能胜他的机会就很少。"

阿飞道："是。"

李寻欢道："但上官金虹说不定会使出来的，因为他见到荆无命的左臂已断，就不会再有顾虑，再留着不用，所以荆无命也并非完全没有机会。"

阿飞像是突然自梦中惊醒，大声道："可是，无论如何，上官金虹总是荆无命的父亲。"

李寻欢道："绝不是。"

阿飞道："刚才上官飞明明……"

李寻欢打断了他的话，道："那只不过是上官飞的猜想，而且猜得不对。"

阿飞道："那么，他说的那些话，难道也是假的？"

李寻欢道："那些事自然不会假，但他的看法却错了。"

阿飞道："看错了？"

李寻欢道:"他说,自从荆无命一去,他父亲就开始对他冷淡疏远,这自然是事实,但他却不知道这么做,为的只是爱他。"

阿飞道:"既然爱他,为何疏远?"

李寻欢道:"因为上官金虹全心全意要将荆无命训练成他杀人的工具,荆无命这一生,也就因此而毁在他手上。"

阿飞思着,黯然道:"不错,一个人若只为了杀人而活着,的确是件很悲哀的事。"

李寻欢道:"所以我说荆无命自从见到上官金虹那一日起,就已死了!"

阿飞默然。

李寻欢道:"但上官金虹也是人,人都有爱子之心,自然不忍对自己的儿子也这么做,所以才没有将武功传给上官飞。"

他也长笑了一声,接着道:"只可惜上官飞并不能了解他父亲的这番苦心。"

阿飞突然道:"所以上官飞其实也等于是死在他父亲手上的。"

李寻欢道:"一个人的欲望若是太大,往往就难免会做错许多事……"

第六十三章

断义

秋林,枯林。

穿过枯林,就是条很僻静的小路。

阿飞遥指着小路尽头处的一点孤灯,道:"那就是我的家。"

家。

这个字听在李寻欢耳里,竟是那么遥远,那么陌生……

阿飞的目光还在遥视着那点灯火,接着道:"灯亮着,她大概还没睡。"

小屋中,一灯闪烁,一个布衣粗裙、蛾眉淡扫的绝代佳人,正在灯下补缀着衣衫,等候自己最亲近的人归来……

这是一幅多么美丽的图画。

只要想到这里,阿飞心里就充满了甜蜜和温暖,那双锐利的眼睛也立刻变得温柔了起来。

他本是孤独而寂寞的人,但现在,他却知道有人在等着他……他最心爱的人在等着他。

这种感觉的确是幸福的,世上绝没有任何事能比拟,也没有任何事能代替。

李寻欢的心沉了下去。

看到阿飞那充满了幸福光辉的脸,他忽然有种负罪之感。

他本不忍令阿飞失望。

他宁可自己去背负一切痛苦,也不愿阿飞失望。

但现在,他却必须要使阿飞失望。

他无法想象阿飞回去发现林仙儿已不在时,会变成什么模样?

虽然他这样只是为了要阿飞好,好好地活下去,堂堂正正地活下去,活得像是个男子汉。

但他还是觉得有些对不起阿飞。

"长痛不如短痛。"

他只希望阿飞能很快地摆脱痛苦,很快地忘记她。

她既不值得爱,更不值得思念。

不幸的是,一个人往往会偏偏去爱一个不值得爱的人,因为情感本就如一匹脱缰的野马,谁也无法控制,谁都无可奈何。

这本也是人类最深邃的悲哀之一。

也正因如此,所以人世间永远不断有悲剧演出。

灯亮着,门却是虚掩着的。

灯光自隙间照出,照在门外的小径上。

昨夜仿佛有雨,路是湿的,灯光下可以看出路上有很多很零乱的脚印。

男人的脚印。

"是谁来过了?"

阿飞皱了皱眉,但立刻又开朗。

他一向很信任林仙儿,他确信她绝不会做任何对不起他的事。

李寻欢远远地跟在后面,仿佛不敢踏入这小屋。

阿飞回头笑道:"我希望她今天炖的汤里没有放笋子,你也可以喝一点,才会知道她做菜的本事比使用刀还好。"

李寻欢也笑了。

又有谁知道他笑得是多么酸楚?

那大碗的排骨汤里若没有放笋子,李寻欢也许还不能完全发现林仙儿的秘密,那么,今天发生的事也许就会完全不同了。

李寻欢简直无法想象一个女人,怎能用如此残酷的手段来欺骗一个如此深爱着她的男人。

"但我又何尝不是在欺骗他?"

"我为什么不敢告诉他,林仙儿已'不在'了,而且完全是我的意思?"

李寻欢弯下腰,剧烈地咳嗽起来。

阿飞道:"你若肯在我这里多住些时候,咳嗽也许就会好些,因为这里只有汤,没有酒。"

他永远不会知道,"汤"对他的伤害,远比酒还严重得多。

门里没有人声。

阿飞又道:"她一定在厨房里,没有听到我们说话,否则她一定早就迎出来了。"

李寻欢一直没有开口,因为他实在不知道该说些什么。

门,终于被推开。

小小的客厅里,还是那么干净。

桌上的油灯并不亮,但却有种温暖宁静的感觉。

阿飞长长吐出口气。

他终于回到家了,平平安安地回到家了。

他毕竟没有令林仙儿失望。

但她人呢?在哪里?

厨房里根本连灯光都没有,更没有菜汤的香气。

林仙儿住的那间屋子,门也是关着的。

阿飞回头向站在门口的李寻欢笑了笑,道:"她也许已睡了……她一向睡得早。"

李寻欢正想笑一笑,面上的肌肉已僵硬。

他已听到一阵阵的呻吟声,女人的呻吟声。

是垂死的呻吟!

呻吟声正是从林仙儿的那间屋子里传出来的。

阿飞的脸色立刻也变了,一步冲过去,用力拍门,大声道:"你怎么样了,请开门。"

没有响应,甚至连呻吟都停止。

她显然是想回答,想呼唤,却已发不出声音。

阿飞的额上已沁出了冷汗,用力以肩头撞开了门。

李寻欢黯然闭上了眼睛。

他不敢去看阿飞此刻面上的表情——一个人见到自己的心上人正在作垂死的挣扎，会有什么样的表情？

李寻欢非但不敢看，不忍看，简直连想都不敢去想。

但门被撞开后，就再没别的声音。

阿飞难道受不了这可怕的打击，难道已晕了过去？

李寻欢张开眼，阿飞还怔在门口。

奇怪的是，他脸上的表情竟只有惊异，却没有悲戚。

那屋子里究竟发生了什么事？只怕李寻欢永远想不到的。

血。

李寻欢第一眼看到的就是血。

然后，他就看到倒卧在血泊中的人。

但他永远也想不到这倒卧血泊中，作垂死挣扎的人竟是铃铃！

李寻欢的血已冻结，心已下沉。

阿飞静静地瞧着他，面上的表情很奇特。

他是不是已猜出什么？

他并没有问："这小姑娘是怎么会到这里来的？"

他只是冷冷问道："这一次，她是不是也在这里等你？"

李寻欢的心似被割裂，扑过去，抱起了血泊中的铃铃，试探她的脉搏和呼吸——他只希望还能救治她的一条命。

他已绝望。

铃铃终于张开了眼睛，看到了李寻欢。

她眼睛立刻涌出了泪，是悲哀的泪，也是欢喜的泪。

她临死前毕竟还是见到了李寻欢。

李寻欢也已泪水盈眶，柔声道："振作些，你还年轻，绝不会死。"

铃铃似乎根本没有听到他这句话，只是断续着道："这件事，你错了。"

李寻欢惨然道："是我错了。"

铃铃道："你该知道，世上本没有一个男人能忍心杀她。"

李寻欢的声音已嘶哑，一字字道："是我害了你，我对不起你。"

铃铃突然用力抓住了他的手，道："你一直对我好，害我的不是你，是他。"

李寻欢道："他。"

铃铃泪落如雨，道："他骗了我，我……我却骗了你。"

李寻欢道："你没有……"

铃铃的指甲，已刺入李寻欢的肉里，道："我骗了你……我早已失身给他，在等你的时候……我只恨自己为什么一直没有勇气告诉你。"

她话声忽然清楚了起来，仿佛已有了生机。

但李寻欢却知道那只不过是回光返照而已——铃铃若非还如此年轻，一定无法活到现在。

铃铃凄然道："我一直不肯死，挣扎着活到现在，为的就是要告诉你这些话,只要你能了解,我死也甘心。"

李寻欢黯然道:"本就是我不好,我本该好好保护你的……"

铃铃忽然点了点头,道:"他虽然骗了我,我并不恨他,因为我知道他一定也会得到报应,比我要惨十倍的报应。"

李寻欢道:"是,他……"

这句话还没有说完,阿飞突然用力推开了他。

阿飞瞪着铃铃,一字字道:"你带吕凤先到这里来了?"

铃铃咬着嘴唇。

阿飞道:"是他要你带吕凤先到这里来的?"

铃铃忽然用尽最后一分力气,大叫了起来,道:"不错,是他,但你可知道他为的什么?你可知道他曾经为你做过什么事?为了你,他不惜……"

说到这里,她声音突然撕裂。

她呼吸已停顿。

静寂,死一般的静寂,没有任何动作,也没有任何声音。

若非还有风在吹动,连大地都似已失去了生机,变成了一座坟墓,可以埋葬所有生命的坟墓。

但风也是凄凉的,风声听来也令人心碎。

也不知过了多久,阿飞才徐徐站直了身子。

但他却没有面对着李寻欢。

他似已不愿再瞧李寻欢一眼，只是冷冷道："你为什么要这样做？"

这句话李寻欢本来很容易回答，但他却一个字都没有说。

他知道有些话若是说了出来，不但令自己伤心，也令别人难受。

阿飞还是没有回头，慢慢地接着道："你以为是她使我消沉的？你以为只要她离开了我，我就会振作？……但你可知道，没有了她，我根本活不下去！"

李寻欢黯然道："我只希望你不被欺骗，只希望你能找到个你所值得爱的人，那么……你会将这些不幸的事全都忘记。"

阿飞的胸膛起伏，声音已有些激动，道："你认为她在骗我？你认为她不值得我爱？"

李寻欢道："我只知道，自从一开始，她带给你的就只有不幸！"

阿飞道："你又怎知道我是幸福？还是不幸？"

他猝然转过身，瞪着李寻欢，厉声道："你以为你是什么人？一定要左右我的思想，主宰我的命运？你根本什么都不是，只是个自己骗自己的傻子，不惜将自己心爱的人送入火坑，还以为自己做得很高尚，很伟大！"

这些话，每个字都像是一根针。

世上绝没有任何别的话能更伤李寻欢的心。

阿飞咬着牙，道："就算她带给我的是不幸，你呢？你又带给人什么？林诗音一生的幸福已断送在你手里,你还不满足?还想来断送我的?"

李寻欢的手在颤抖,还未弯下腰,已咳出了血。

阿飞冷冷地瞧着他,良久良久,徐徐转身,大步走了出去。

李寻欢的咳嗽还未停,挣扎着扑过去,挡住了门。

阿飞道:"你还想干什么?"

李寻欢用衣袖擦了擦嘴角的血,喘息着道:"你……你要去找她?"

阿飞道:"是!"

李寻欢道:"你绝不能去!"

阿飞道:"谁说的?"

李寻欢道:"我说的,因为就算你能将她再找回来,也只有更痛苦,她迟早总有一天要毁了你……我绝不能眼看着你毁在这种女人手上。"

阿飞的手本已握得很紧,李寻欢每说一句话,他就握得更紧一分。

他指节已因用力而发白,脸色更苍白,双目中却布满了红丝,正如一条条燃烧的火焰。

李寻欢道:"现在你们分开,你固然难免痛苦一时,但你们若在一起,你却要痛苦一生,你别的事都看得很清楚,为什么这件事……"

阿飞突然打断了他的话,一字字道:"你一直是我的朋友。"

李寻欢道:"是。"

阿飞道:"到现在为止,你还是我的朋友。"

李寻欢道:"是。"

阿飞道:"但以后却不是了!"

李寻欢的面色惨变,道:"为什么?"

阿飞道:"因为我可以忍受你侮辱我,却不能忍受你侮辱她。"

李寻欢惨然道:"你认为我是在侮辱她?"

阿飞道:"我一直忍受到现在,因为我们一直是朋友,但以后,你若再侮辱她一个字,这侮辱就得要用血来洗清!"

他身子也因激动而颤抖,一字字接着道:"无论是你的血,还是我的血,都得用血来洗清!"

李寻欢仿佛骤然被人当胸打了一拳,踉跄后退,退到门边。

他又在咳嗽,却没有声音,因为他的牙咬得很紧,嘴也闭得很紧。

鲜血,又从他紧闭着的嘴角沁出。

阿飞再也没有瞧他一眼,嗄声道:"现在我就去找她,无论如何也要找到她,我希望你莫要跟来,千万莫要跟来,否则你必将后悔终生!"

说完了这句话,他就走了出去。

他头也不回地走了出去。

眼泪本是咸的。

但有些泪却只能往肚里流,那就不但咸,而且苦。

血,本也是咸的。

但一个人的心若碎了，自心里滴出的血，就比泪更酸苦。

李寻欢也不知道已咳了多久，衣袖已被染红。

他的腰似已无法挺直。

地上有个脚印，是血染成的脚印。

李寻欢忽然想起了门外那些零乱的脚印，他掌心立刻冰冷。

阿飞一定能找到她。

因为林仙儿一定会故意留下些线索，让他找到。

他并不需要太多的线索，阿飞血液里天生就像是有种追踪的本能，甚至比野兽还灵敏，还直接。

但追到了以后呢？

阿飞势必要和吕凤先一决生死——林仙儿本就喜欢看男人为她拼命。

想到这里，李寻欢掌心已沁出了冷汗。

阿飞现在还不是吕凤先的对手。

能救阿飞命的人，只有李寻欢，可是……

"你千万莫要跟来，否则就必将后悔终生！"

阿飞说出的话，一向永无更改。

何况，现在夜色更深，李寻欢又没有阿飞那种追踪的本能，就算想去追，也很少有机会能追到。

李寻欢挣扎着，站起，将铃铃的尸身抱上床，用床单覆盖。

无论如何，他都要追去，他已下了决心。

就算阿飞已不再将他当作朋友，但他依旧永远是阿飞的朋友，他的友情绝不会因任何事而更改。

那也正如他的爱情一样，纵然海枯石烂，他的心永不会变。

"诗音，诗音，你现在活得还好吗？"

第六十四章

祸水

李寻欢一想到林诗音,他的心又是一阵剧痛。

但他并不想去找她,因为他知道龙啸云一定会好好地照顾着她——龙啸云虽善变,对林诗音的心却未变。

只要他对诗音的心不变,别的一切事就全都可原谅。

此刻龙啸云的心情,真是说不出的愉快。

再过两三天,他就要坐上金钱帮的第二把交椅,成为当今天下最有势力的人的结拜兄弟。

就连龙小云的气色看来都像是好得多了。

唯一令他觉得遗憾的,是他的妻子。

"她为什么不肯跟我一起来?为什么不肯分享我的光彩?"

他拒绝再想下去。

有些人最大的欲望是金钱,有些人最大的欲望是权势,这两种欲望若是能满足,情感上的痛苦就淡了。

龙小云正凝视着窗外,也不知在想些什么。

龙啸云拍了拍他肩头,道:"你想这次上官金虹会不会亲自来迎接我?"

龙小云回过头，说道："当然会，而且仪式一定很隆重。"

龙啸云也点了点头，道："我也这么想，我既是他的兄弟，他给我面子，岂非也正如给自己面子。"

他沉吟了半晌，忽又道："他来接我时，你想我是该称他帮主，还是该唤他大哥？"

龙小云道："当然该称大哥，孩儿今后也要改口，唤他一声伯父了。"

龙啸云仰面大笑，道："有这样的伯父，真是你的运气，只怕……"

他笑声突又停顿，皱眉道："李寻欢既然未死，他会不会食言反悔？"

龙小云笑道："天下英雄都已知道此事，帖子也早就发了出去，他再反悔，岂非自食其言，以后说的话还有谁相信？"

龙啸云又笑了，道："不错，武林中人之所以信服他，就因为他令出如山，言出法随，现在他就算想反悔，也来不及了。"

桌上的卷宗非但没有少，反而在一天天加多。

金钱帮管辖的范围，已愈来愈广了。

上官金虹的责任也的确愈来愈重，因为每件事他都要自己来决定。

他绝不信任任何人。

现在，他已工作了五个时辰，几乎完全没有停过手，但他非但不觉得辛苦,反而觉得这是种快乐。

门开了。

一个人走了进来。

上官金虹连头都没有抬,因为能直接走进这屋子的,只有一个人。

荆无命。

荆无命还是和往常一样,一走进来,就站到他的身后。

上官金虹道:"李寻欢呢?"

荆无命道:"走了。"

上官金虹猝然回头,瞧了他一眼。

只瞧了一眼,目光自他断臂上滑落,就又低下头,做自己的事,非但没有再说一句话,脸上也连一点表情都没有。

荆无命面上也全无表情,死灰色的眼睛茫然凝注着远方。

一切事仿佛都没有改变。

既没有责问,也没有安慰。

荆无命的手断了也好,腿断了也好,却像是和上官金虹全无关系。

又不知过了多久,有人拍门,请示。

又有一大堆卷宗被送了进来。

淡黄色的卷宗中,只有一封信是粉红色的。

上官金虹先抽出了这封信,也只瞧了一眼,因为信上只有几个字:"老地方等候,吕凤先也在等你。"

上官金虹静静地站着，似在沉思，然后就立刻下了决定。

他慢慢地走了出去。

荆无命还是像影子般跟在他身后。

两人走出门，穿过秘道，走出宽阔的院子，穿过一个垂首肃立着的侍党，走到阳光下。

残秋的阳光就像是迟暮的女人，已不再有动人的热力。

两人还是一前一后地走着，走着……荆无命突然发觉上官金虹脚步的韵律已变了。

荆无命已无法再与他配合。

上官金虹也并没有加快，也不知为什么，两人的距离却已愈来愈远，愈来愈远……

荆无命的脚步渐缓，终于停下。

上官金虹并没有回头。

望着他逐渐远去的背影，荆无命死灰色的眼睛里，渐渐露出了一种无法形容的、深邃的悲痛……

密林。松林。

松林常青，阳光终年都照不进这松林。

林间虽黝黯，却不潮湿，风中也带着松木的清香。

林仙儿斜倚在树上，紧握着吕凤先的手，始终没有放开，那无比温柔的眼波，也始终没有离开过吕凤先的脸。

吕凤先的脸更苍白，眼角的皱纹也像是多了些。

秋风入了林，也变得温柔起来。

林仙儿柔声道:"你不后悔么?"

吕凤先点了点头,道:"后悔?我为什么要后悔?有了你,任何男人都不会觉得后悔。"

林仙儿"嘤咛"一声,倒入他怀里,轻轻道:"我真的那么好?"

吕凤先搂着她的腰肢,笑道:"你当然好,比我想象中还好,比任何人想象中都要好……"

他的手向上移动,又向下……

林仙儿的呼吸开始急促,娇喘着道:"现在不行……"

吕凤先道:"为什么?"

林仙儿咬着嘴角,道:"你……你还要留着力气对付上官金虹。"

她身子巧妙地扭动着,仿佛在闪避,又仿佛在迎凑……

吕凤先的手停了停,却又开始移动,带着笑道:"我对付了你,还可以再对付他。"

林仙儿道:"你千万莫要看轻了他,他绝不如你想象中那么好对付。"

吕凤先冷笑道:"你认为我不如他强?"

林仙儿道:"我不是这意思,只不过……"

她轻咬着吕凤先的耳朵,柔声道:"你只要杀了上官金虹,天下就都是我们的了,以后我们的日子还长着哩,你现在何必着急。"

亲密的耳语,在清风中似已化作歌曲。

吕凤先的心已软了,手却搂得更紧,柔声道:"想不到你真的这么关心,我——"

他语声突地停顿。

林仙儿也突然离开了他的怀抱。

密林中已传来一阵奇特的脚步声——其实这脚步声也并没有什么奇特之处,但也不知为了什么,却令人听来每一步都像是踏在自己心上。

脚步声已停顿。

上官金虹就站在那边一株松树的阴影下,静静地站着,动也不动,看来就像是一座冰山。

高不可攀的冰山。

吕凤先的呼吸突然停顿了一下,一字字问道:"上官金虹?"

上官金虹还是戴着顶大竹笠,压住了眉目,道:"吕凤先?"

他非但没有回答,而且还反问。

吕凤先道:"是。"

他终于回答了。

他回答了之后,就立刻后悔,因为他自觉在气势上已弱了一分,上官金虹已占取了主动。

上官金虹似乎笑了笑,冷冷道:"很好,吕凤先总算还值得我出手。"

吕凤先冷笑道:"你若非上官金虹,我也不屑杀你!"

他说了这句话,又后悔。

这句话虽也充满了冷傲之意,但听来却像是跟上官金虹学的。

上官金虹沉默了很久,目光突然自笠檐下射出扫向林仙儿。

林仙儿还倚着那棵树,温柔的眼波已渐渐变得炽热——

她知道很快就要看到血。

她喜欢看男人们为她流血。

上官金虹突然道:"你过来。"

林仙儿仿佛怔了怔,瞧了吕凤先一眼,目光移向上官金虹。

吕凤先冷笑道:"她绝不会过去。"

林仙儿又瞧了他一眼,目光又移向上官金虹。

她知道现在已必须在两人之间作一个选择。

这就像是在押宝,这一注她必须要押在胜的那一面。

但胜的会是谁呢?

上官金虹还是静静地站着,仿佛充满了自信。

吕凤先的呼吸却已有些不匀,似乎已有些不安。

林仙儿突然向他笑了笑。

他刚在暗中吐了口气,林仙儿却已燕子般投向上官金虹。

她终于作了选择。

她相信自己绝不会选错。

吕凤先的瞳孔在收缩,心也在收缩。

生平第一次,他忽然尝到了羞辱的滋味,也忽然尝到了失败的滋味——这是双重的痛苦!

这也是双重的打击,他的"自尊"和"自信"都已被打得粉碎。

他的手似已在发抖。

上官金虹冷冷地瞧着他,忽然道:"你已败了!"

吕凤先的手抖得更剧烈。

上官金虹冷冷道:"我不杀你,因为你已不值得我出手!"

他忽然转身,大步走出松林。

林仙儿跟在他身后,走了几步,忽然回眸向吕凤先一笑,柔声道:"我劝你不如还是死了的好。"

这一战吕凤先还未出手,就已败了。

他心里先已承认自己败了。

这一战他虽未流血,但整个生命与灵魂却已全被摧毁,信心和勇气也已被摧毁。

望着上官金虹走出松林,他竟没有勇气追出去。

上官金虹虽未出手,却已无异夺去了他的生命。

"我劝你不如还是死了的好。"

活着,的确已很无趣了。

吕凤先突然扑倒在地上,失声痛哭了起来。

林仙儿赶上去,拉住上官金虹的手,柔声道:"现在我才真的服了你了!"

上官金虹道:"哦?"

林仙儿道:"荆无命杀人出手虽然快,但你却比他更快十倍。因为……因为你杀人根本用不着出手。"

上官金虹淡淡道:"那只因到现在我还未遇着一个人配我出手。"

林仙儿眼波流动,悠悠道:"这世上能令你出手的人确实不多……也许只有一个。"

上官金虹道:"李寻欢?"

林仙儿叹了口气,道:"这人好像随时都可能倒下去,又好像永远都不会倒下去,有时候我实在想不透他是个怎么样的人,君子?呆子?还是英雄?"

上官金虹冷冷道:"你对他好像一直都很有兴趣。"

林仙儿笑了笑,道:"我一定要对他有兴趣,因为我不愿死在他手上。"

上官金虹道:"哦?"

林仙儿道:"一个人对自己的情人就算再有兴趣,日子久了,也会渐渐变淡的,但对自己的敌人,反而不同了。"

她仰面凝注着上官金虹,道:"这道理我想你一定比谁都明白?"

上官金虹道:"兴趣也有很多种,你是恨他,怕他,还是爱他?"

林仙儿又笑了,道:"你现在好像也渐渐变得会吃醋了。"

上官金虹沉默了半晌,道:"阿飞呢?"

林仙儿嫣然道:"他当然也会吃醋。"

上官金虹道:"我只是在问你,你为何不杀他?"

林仙儿道:"我也想问你,荆无命为何不杀他?"

上官金虹道:"我本要你自己下手的,你难道不忍?"

林仙儿眨着眼,道:"要杀人很容易,若要一个人甘心听你的话,那就困难多了,到现在为止,我还没有找到一个像他那么样听话的人。"

她忽然倒入上官金虹怀里,柔声道:"我来找你,并不是为了要跟你吵架,你若真的要我杀他,以后的机会还多得是,我一定听你的话。"

没有人能对她发脾气。

她就像是一只最乖的小猫,就算偶尔会用爪子抓抓你,但你还没有感觉到疼的时候,她已经在用舌头舔着你了。

上官金虹凝视着她的脸。

她的脸在淡淡的夕阳下看来,仿佛用手指轻轻一触就会破,连最温柔的春风也比不上她的呼吸。

上官金虹的头也渐渐垂下……

他的嘴唇已将触及她,她突然从他怀抱中倒了下去,倒在地上。

上官金虹的瞳孔也就在这同一刹那间收缩了起来,但他的姿势还是没有变,连指尖都没有动。

他也没有去瞧林仙儿一眼,只是冷冷地瞧着面前一片已枯黄的草地。

地上什么也没有,过了很久,才慢慢地现出了一条人影。

有人来了!

夕阳将这人的影子拖得很长。

没有脚步声,这人的脚步声轻得就像是一匹正在猎食的狐狸。

上官金虹还是没有回头,倒在地上的林仙儿却已开始在呻吟。

人影更近了,就停在上官金虹身后。

一人缓缓道:"我从来不在背后杀人,但这一次,却也是例外!"

这人的声音本是冷酷而坚定的,此刻却已因紧张与愤怒而发抖。

这的确是种准备要杀人的声音。

上官金虹非但神色不变,连一个字都没有。

地上的人影,手已抬起。

手里有剑,却迟迟未刺出,突然厉声道:"你还不回头?"

上官金虹淡淡道:"在背后杀人,也一样能杀得死的,又何必回头?"

这句话说完,呻吟声也已停止。

林仙儿的眼睛已张开,突然失声而呼:"阿飞!"

呼声中她已自上官金虹身旁冲了过去,她的影子立刻和地上的人影交叠在一起。

上官金虹凝注着地上的两条人影,忽然开始慢慢地向前走……慢慢地踩上了这两条人影。

阿飞手里的剑已跌下。

林仙儿拉着他的手,正反反复复地低语:"你果然来了,我知道你一定会来的……"

就只这两句话,她已不知说了多少遍,每说一遍,她的声音就会变得更轻、更缓、更柔和、更甜美。

这种声音足以令冰山融化。

阿飞的心正在融化。所有的紧张、愤怒、仇恨都已融化。

林仙儿道:"我知道你回去见不到我,一定会很着急,一定会找我。"

看到阿飞苍白憔悴的脸,她眼圈也红了,凄然道:"为了找我,你一定吃了不少苦。"

阿飞的声音也已有些哽咽,缓缓道:"我已找到你,这已足够。"

不错,只要能找到她,无论要多大的代价,他都不在乎。

只要能找到她,无论什么他都可忍受。

"我已找到你,这已足够。"

九个字,只有短短九个字,但这九个字中所包含的情意,纵然用九十万个字,也未必能完全描述得出。

突然间,剑光一闪。

跌落在地上的剑突然被挑起,剑光如灵蛇一闪,落入了一个人的手。

上官金虹不知何时已来到他们面前。

他冷漠的目光凝注着剑锋——这只不过是柄很普通

的青铜剑,是阿飞在半途中从一个镖客身上"借"来的。

但上官金虹却像是对这柄剑很有兴趣。

只要有林仙儿在身侧,就没有别的事再能吸引阿飞。

直到现在,他才想起这里还有个人——他本来想杀的人。

此刻他的剑却已到了这人手上。一只稳定得出奇的手,这种手只要握住了剑柄,就随时都可能将剑锋送入别人的心脏。

这柄平凡的青铜剑似也突然变得有了剑气、杀气。

阿飞厉声道:"你是谁?"

上官金虹没有回答,也没有瞧他一眼,冷漠的目光还是停留在剑锋上,嘴角仿佛带着一丝微笑,轻蔑的微笑。

他淡淡笑着:"你就想用这柄剑来杀我?"

阿飞道:"这柄剑又如何?"

上官金虹道:"这柄剑不能杀人。"

阿飞道:"无论什么样的剑,都是可以杀人的!"

上官金虹笑了笑,道:"但这却不是你用的剑,你若用这柄剑,只能杀得死你自己。"

剑光又一闪,剑已倒转。

上官金虹手捏着剑尖,将剑柄递了过去,微笑着道:"你若不信,不妨试试。"

阿飞的手虽未伸出,臂上的肌肉已紧张。

他忽然发觉自己在这人面前,始终总是被动的,在别人面前他未有过这种感觉,这种感觉令他紧张得连胃都似乎在收缩,似已要呕吐。

但他又怎能不将这柄剑接过来?

他的手终伸出,刚伸出,剑柄已被另一只手抢了过去——一只柔若无骨、春葱般的手。

林仙儿的眼中似已有泪,道:"你要杀他?你可知道他是谁?"

林仙儿接道:"他是我的恩人。"

读客文化将出版以下古龙经典作品

《小李飞刀:多情剑客无情剑》
《小李飞刀2:边城浪子》
《小李飞刀3:九月鹰飞》
《小李飞刀4:天涯·明月·刀》
《陆小凤传奇:金鹏王朝》
《陆小凤传奇2:绣花大盗》
《陆小凤传奇3:决战前后》
《陆小凤传奇4:银钩赌坊》
《陆小凤传奇5:幽灵山庄》
《陆小凤传奇6:凤舞九天》
《陆小凤传奇7:剑神一笑》
《楚留香新传:借尸还魂》
《楚留香新传2:蝙蝠传奇》
《楚留香新传3:桃花传奇》
《楚留香新传4:新月传奇·午夜兰花》
《七种武器:长生剑·孔雀翎》
《七种武器2:碧玉刀·多情环》
《七种武器3:离别钩·霸王枪》
《七种武器4:愤怒的小马·七杀手》
《萧十一郎》

《火并萧十一郎》
《绝代双骄》
《欢乐英雄》
《三少爷的剑》
《流星·蝴蝶·剑》
《武林外史》
《白玉老虎》
《圆月弯刀》
《大人物》
《绝不低头》
《碧血洗银枪》
《彩环曲》
《苍穹神剑》
《大地飞鹰》
《风铃中的刀声》
《护花铃》
《剑毒梅香》
《剑客行》
《猎鹰·赌局》
《名剑风流》
《飘香剑雨》
《七星龙王》
《失魂引》
《血鹦鹉》
《英雄无泪》
《游侠录》
《月异星邪》

激发个人成长

多年以来,千千万万有经验的读者,都会定期查看熊猫君家的最新书目,挑选满足自己成长需求的新书。

读客图书以"激发个人成长"为使命,在以下三个方面为您精选优质图书:

1. 精神成长
熊猫君家精彩绝伦的小说文库和人文类图书,帮助你成为永远充满梦想、勇气和爱的人!

2. 知识结构成长
熊猫君家的历史类、社科类图书,帮助你了解从宇宙诞生、文明演变直至今日世界之形成的方方面面。

3. 工作技能成长
熊猫君家的经管类、家教类图书,指引你更好地工作、更有效率地生活,减少人生中的烦恼。

每一本读客图书都轻松好读,精彩绝伦,充满无穷阅读乐趣!

认准读客熊猫

读客所有图书,在书脊、腰封、封底和前后勒口
都有"读客熊猫"标志。

两步帮你快速找到读客图书

1. 找读客熊猫

2. 找黑白格子

马上扫二维码,关注**"熊猫君"**
和千万读者一起成长吧!